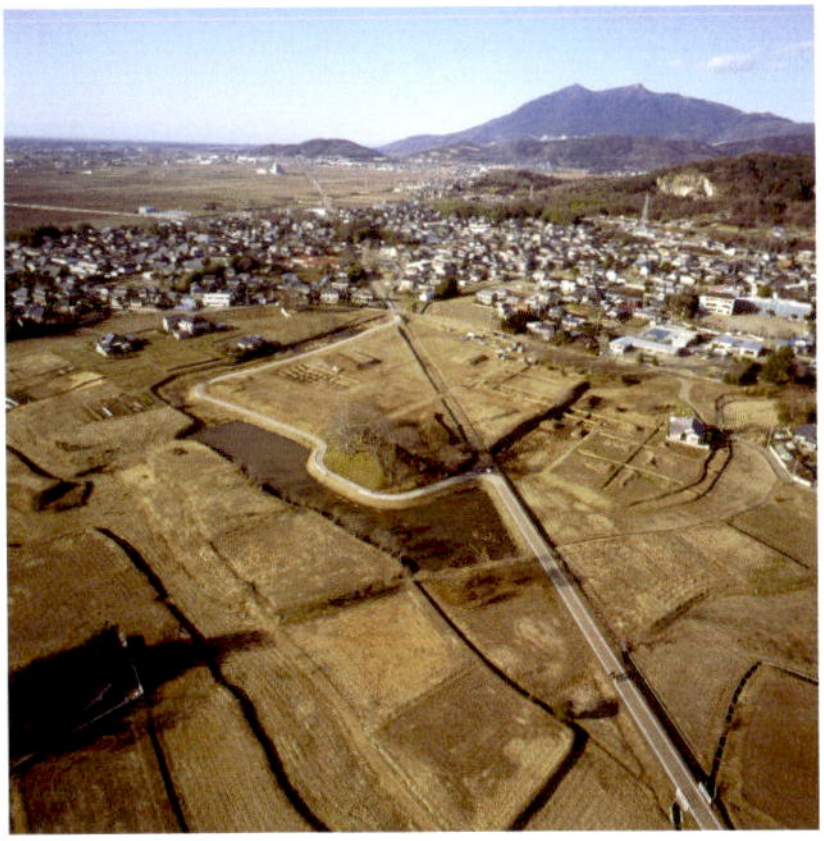

小田城跡

稲野神社（現飯名神社）の磐座

伝多気太郎義幹五輪塔

平沢官衙遺跡復元正倉

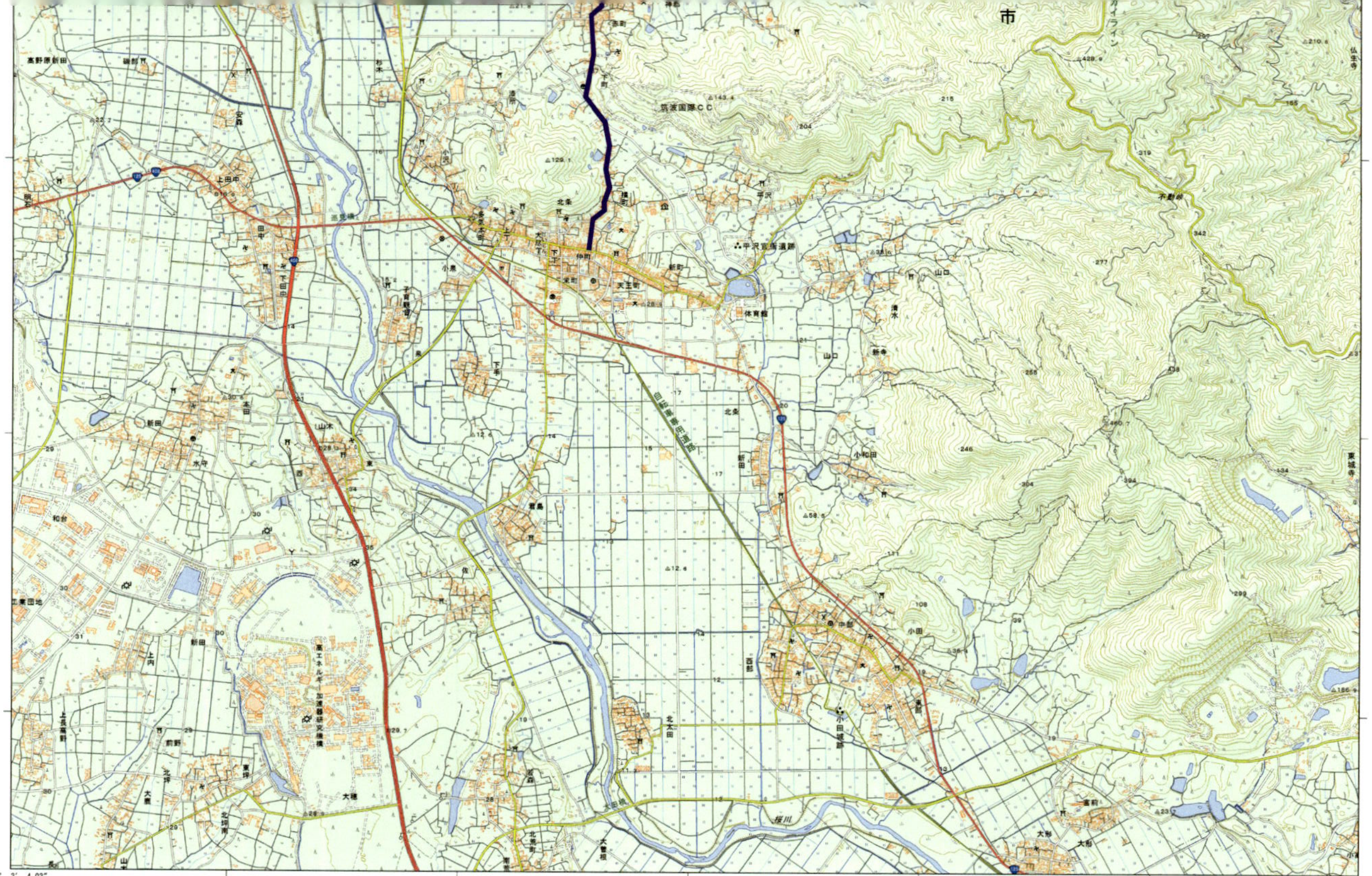

140° 3′ 4.03″
36° 8′ 26.12″

140° 8′ 54.13″
36° 8′ 26.12″

1. 投影はユニバーサル横メルカトル図法、座標帯は第54帯、中央子午線は東経141°
2. 図郭に付した短線は経緯度差1分ごとの目盛
3. 高さの基準は東京湾の平均海面
4. 等高線及び等深線の間隔は10メートル
5. 磁気偏角は西偏約7° 10′
6. 図式は平成24年電子地形図25000図式
7. 本図上部の枠内には、この地図の購入者が入力したものをそのまま記載しています

平成26年 7月30日　調製

著作権所有兼発行者　国土地理院

140.10-36.20-A2-t-20140730-141614-0000

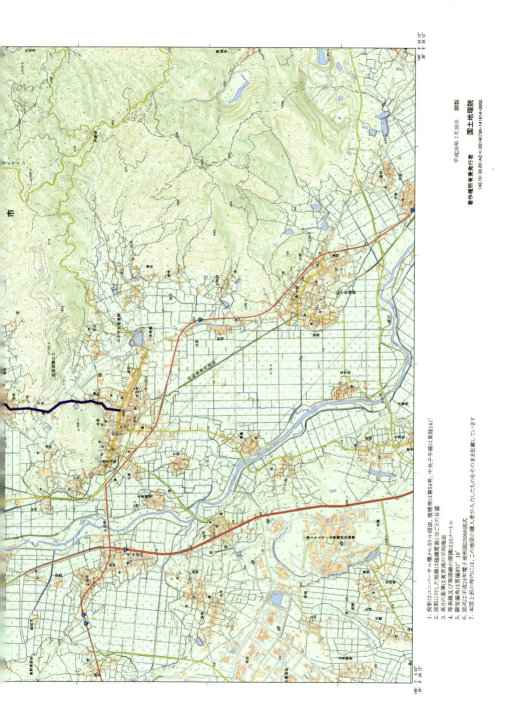

電子地形図25000

この地図は、国土地理院長の承認を得て、同院発行の電子地形図25000を複製したものである。

（承認番号　平26情複、第286号）　中央部分の紫色の太線は「つくば道」を示している。

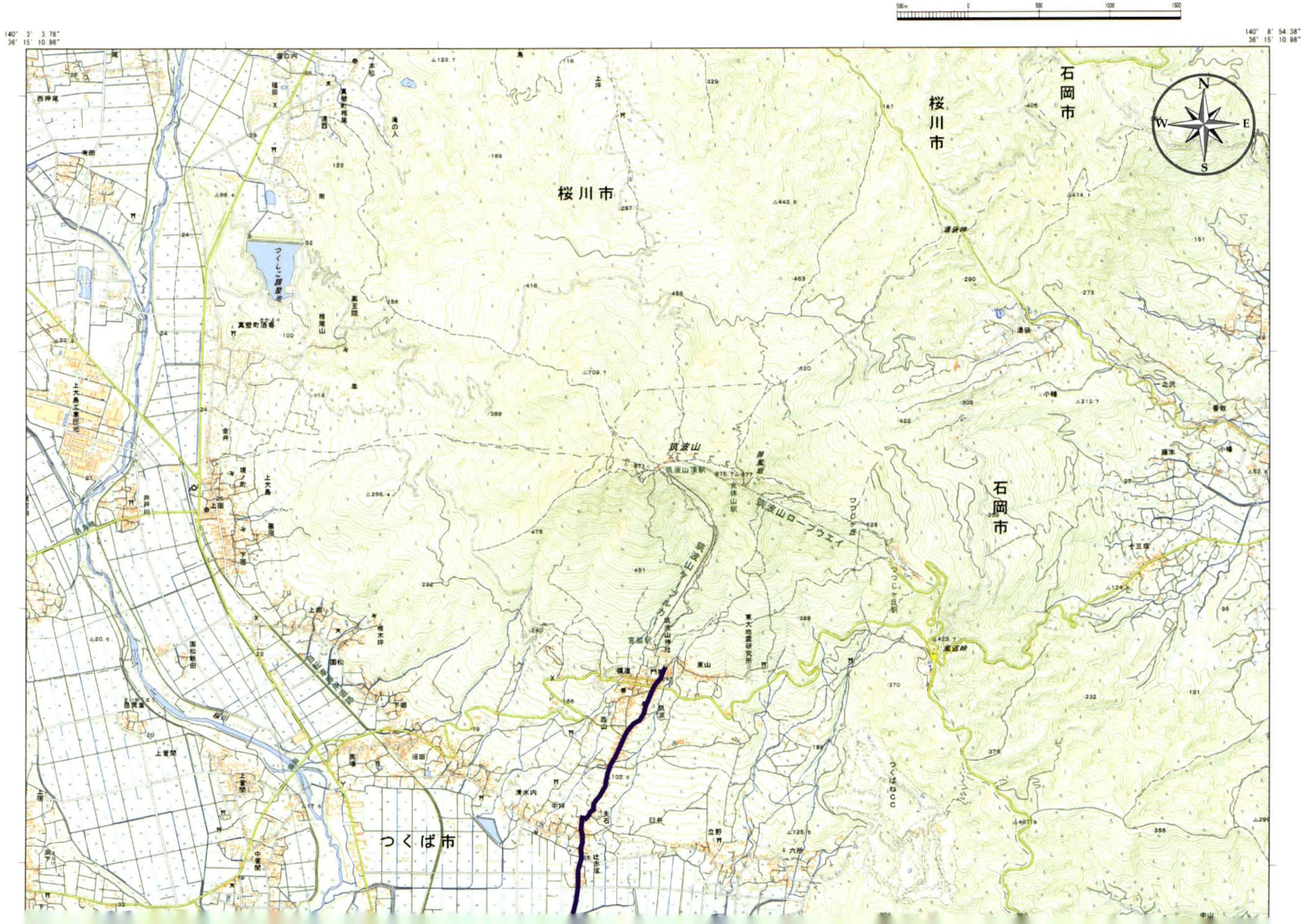

小田八坂神社祇園祭の大獅子

高松観音寺徳一墓

小田・宝篋《ほうきょう》山から見る筑波山（紫峰）

西筑波陸軍飛行場から見た筑波山（常陽藝文センター提供）

筑波山から学ぶ

「とき」を想像・創造する

Learning from Mt. Tsukuba

Imagine/Create Its Times and Their Spaces

前川啓治 編
Keiji MAEGAWA

筑波大学出版会

Learning from Mt. Tsukuba
Imagine/Create Its Times and Their Spaces

Edited by Keiji MAEGAWA

University of Tsukuba Press, Tsukuba, Japan

ISBN978–4–904074–33–6 C1039

目　次

第二部 「筑波山から学ぶ」からの展開

序——記憶と想像・創造

前川 啓治

想像は未来のためだけにあるのではない。過去の記憶が果てるところに想像が生まれる。

古いアルバムを引っ張り出し、古写真を見るとき、その時代と人々を想い出す。民家や通りが変わってしまっても、人々が老いてしまっても、その「とき」は記憶として残っている。あるのは過去ではなく、現在における過去の記憶、現在における過去への想いなのかもしれない。

過去の記憶は、物語のように蘇り、脳裏をめぐる。そこに過ぎし時への想いが、ときに楽しく、ときに憂いを伴い、しかし結局はいとおしく背景として浮かび上がってくる。

そこに「歴史」はない。構造的な時間の持続があるだけだ。もし、歴史が客観であるのなら、記憶は心的な地層を育むものなのだろう。

歴史の客観は、しかしわれわれの「記憶」のうちに照射される。そして、遺跡や資料という土地の「記憶」の源が辿れないところに、「神々」の世界が在る。

筑波山には、筑波男大神《つくばおのおおかみ》＝伊弉諾尊《いざなぎのみこと》、筑波女大神《つくばめのおおかみ》＝伊弉冉尊《いざなみのみこと》の男女神が御座す。しかも、春先と秋に御座替りがあり、祭祀が執り行われる。豊穣神である。冬には山頂の祠に、夏にはかつては麓の臼井地区に近い六所神社ないしは稲野神社（現在は飯名神社と称する）に御座したといわれている。その名残として、今でもつくば道の六丁目の石の鳥居まで神輿が担がれ降りて来る。つくば道とは、江戸時代に徳川家光によって神社建築のために造られた資材運搬用の道である。

歴史の時代に入ると、万葉集に、常陸守の藤原宇合の下僚高橋連虫麻呂《たかはしのむらじむしまろ》が、「筑波嶺に登りて嬥歌会《かがい》をする日に作る歌一首并せて短歌」として、次のような歌を残している。

鷲の住む　筑波の山の　裳羽服津《もはきつ》の　その津の上《うへ》に　率《あど》ひて　未通女《をとめ》壮士《をとこ》の　往き集《つど》ひ　かがふ嬥歌《かがひ》に
他人妻《ひとづま》に　我《わ》も交《あは》む　我が妻に　他人《ひと》も言問《ことと》へ　この山を　領《うしは》く神の　昔より　禁《いさ》めぬ行事《わざ》ぞ　今日のみは
めぐしもな見そ　事も咎《とが》むな　（『万葉集』九巻一七五九）

反歌

男神《をのかみ》に　雲立ち登り　時雨ふり　濡れ通るとも　我《われ》帰らめや　（『万葉集』九巻一七六〇）

〔通釈〕

鷲が住む筑波山の、裳羽服津という水辺のほとりで、誘い誘われ、若い男女が集まり歌い踊るこの嬥歌で、人妻に私も契《ちぎ》ろう。私の妻に、他人も言い寄るがよい。この山を治める神が、咎《とが》めぬ行事だ。今日だけは、見苦しいとは見るな、咎め立てするな。

反歌

男神の峰に雲が立ちのぼり、時雨が降り、着物を通って肌を濡らしても、帰ったりはしない。

『常陸国風土記』にも嬥歌（歌垣）のことは触れられている。嬥歌の歌や踊りの集いが行われた裳羽服津という水辺が筑波山のどこの地点かは定かでないが、飯名神社ないし夫女が原のあたりという説もある。

ここから小山を越えて南の平沢には、奈良・平安時代初期に官衙（役所）が置かれていたとされ、高床の校倉や板倉、大溝跡、柵址といった遺跡が復元されており、例年一〇月末ないし一一月初めには、つくば四大まつりの一つ「つくば物語」において、歌や舞が披露され、オカリナなどの楽器演奏が行われている。

さらに南の鎌倉時代以降小田氏の居城であった小田城は、南北朝時代に南朝方の北畠親房が『神皇正統記』を著したことで名高い。現在、県と市による小田城址の保存・整備事業が継続し、二〇一八年ごろには小田城の復元が完了し、歴史広場として公開される予定である。

一方、北条には多気氏が城を構え、小田氏と戦ったとされており、そのことは今でも、北条と小田の住民に語り継がれている。徳川家光が筑波山を鬼門とし、保護する一環として造成したつくば道の北条は、江戸時代以降、明治、大正、昭和と門前町として繁栄し、今も当時の土蔵や店蔵などが残っている。いまなお、よい意味で、昭和の雰囲気の残る商店街であるが、奇しくも平成二四（二〇一二）年の竜巻は、この北条商店街の西半分を直撃したのである。

こうした人々の「記憶」に対して、筑波山自体が持つ「記憶」はその山の地層に埋め込まれている。あるいは、巌岩に表出している。現在、県と筑波山周辺の各市および関連組織とで、ジオパーク構想が進められている。人々の「記憶」を超えたはるかな時間の中の、筑波山の持つ記憶を明らかにしてくれるだろう。

筑波山を総体としてとらえるこうした試みは、「環筑波山文化圏」というものを想起させる。神代の昔から現代にいたるまで、人々の生の営み、すなわち文化というものは、筑波山の存在と、その山に対する人々の想いによって形作られてきたことはいうまでもない。

高橋連虫麻呂は、「筑波山に登る歌一首 并せて短歌」として、次のように詠んでいる。

草枕《くさまくら》　旅の憂《うれ》へを　慰《なぐさ》もる　事もありやと　筑波嶺《つくはね》に　登りて見れば　尾花《をばな》散る　師付《しつく》の田井に　雁《かり》がねも

寒く来鳴きぬ　新治《にひばり》の　鳥羽《とば》の淡海《あふみ》も　秋風に　白波立ちぬ　筑波嶺の吉《よ》けくを見れば　長き日《け》に　思ひ積み来《こ》し　憂《うれ》へはやみぬ
（『万葉集』九巻一七五七）

反歌

筑波嶺《つくはね》の　裾廻《すそみ》の田井に　秋田刈る　妹がり遣らむ　黄葉《もみち》手折らな
（『万葉集』九巻一七五八）

〔通釈〕

旅のさびしさを忘れさせてくれるかと筑波の山に登り見やれば、すすきの穂の散る志筑（地名）の田には雁も寒そうに来て鳴いた。新治の鳥羽の湖も、秋風に白波が立っていた。筑波山の眺めの良さに、長い日々こころに積もっていたさびしい思いも消えた。

反歌

筑波山の山裾の田んぼで秋の刈入れをしている娘にやる黄葉の枝を折ろう。

万葉の時代から、筑波山は憂いを忘れさせる癒しの山であった。筑波山はそれを記憶している。千幾百年の時を経たわれわれは想像するしかない。筑波山を歩き、その景色を味わい、かつての筑波山の「とき」を想像し、また自らの筑波山の「とき」を創造することによって、われわれの日々の憂いも消えていくことであろう。

〈引用の訓読文は、芳賀紀雄氏「『萬葉集』筑波嶺の歌Ｉ〈資料　萬葉集諸注集成〉筑波大学」を参考にしている。最初の歌は中西進『萬葉集　全訳注原文付』および佐竹昭広・山田英雄・工藤力男・大谷雅夫・山崎福之『萬葉集』(新日本古典文学大系)、次の歌は小島憲之・木下正俊・東野治之『萬葉集』(新編日本古典文学全集)を主として引用し、筆者が若干加筆・修正している。)

＊　＊　＊

さて、本書のタイトルは、『筑波山から学ぶ――「とき」を想像・創造する』となっているが、このタイトルには二つの意味が込められている。「筑波山を学ぶ」ということであれば、筑波山について学ぶということであり、筑波山を理解する対象として設定しているということである。

しかし、なぜここで筑波山をとくに対象として取り上げるのか。「そこに山があるからだ」という言い方はできるであろう。が、それだけではない。神代の時代から現在にいたるまで、筑波山をめぐる地域には特段に豊かな文化圏が築かれてきたからである。「環筑波山文化圏」とわれわれが名づけるそうした文化圏の存在と、その長年にわたる豊かな展開があるからこそ、「筑波山から学ぶ」ことに大きな意義があるのである。

さらにこれに関連し、「筑波山から学ぶ」には、もう一歩進んだ意味が見出せる。この「筑波山から学ぶ」には、「筑波山から学ぶことから学ぶ」という意味が込められている。つまり、われわれは筑波山から種々さまざまなことを学ぶのであるが、そうしたわれわれの学んでいく行為自体をも対象化してみようということである。

われわれの学び、つまり、われわれが対象化し取り上げることによって理解したものを、環筑波山の文化として再認識することからさらに一歩進んで、そうした文化を今後の地域の発展に利用しようということである。文化を「認識する」だけではなく、文化を「行為する」という、より大きな枠組みによって、筑波山という対象に取り組むことである。それは、「環筑波山文化圏」の文化の資源化を目指し、地域のこれまでの長い文化の歴史を、未来に投影しようという試みであり、今後、「環筑波山文化圏」に根差した地域づくりに資するものとなろう。

このように筑波山とその環筑波山地域の今後の発展を考えた場合、「筑波山から学ぶ」ことの必要性と重要性とが明らかになる。

かつてこの地域では、筑波山自体が御神体とされていた。頂上に登れば神代の時代、山腹を歩けば嬥歌（歌垣）が行われていた万葉の時代、復元された平沢官衙（役所）遺跡を見れば奈良・平安の時代、そして北畠親房によって『神皇正統記』が書かれた小田城跡が修復されれば中世の時代、さらに古民家が残る北条を歩けば江戸時代後期および明治期の世界が、今なお想像される。竜巻被害で減ったとはいえ、北条商店街の種々の看板は、昭和の雰囲気を十分に味わわせてくれる。たった数キロ歩くだけで、神代の時代から昭和までを、象徴的な遺跡や街並みが想像させてくれる地域は、日本全国この地域をおいてほかにないであろう。空間が時間を想起させてくれる類いまれな世界なのである（さらに、ここから十数キロ南に行けば、未来を想起させてくれる筑波研究学園都市にいたる）。そして、「おわりに」でも触れているが、この世界をフットパスでめぐるコース設定が現在進んでいる。（カバー裏の筑波山麓フットパス・マップ参照）

＊　＊　＊

以下、簡単に各章の概略に触れておこう。

第一部　筑波山から学ぶ

第一章は、郷土史家による筑波の歴史と文化の概略についての叙述である。廃仏毀釈や天狗党の居留による動乱などからか、筑波山に関する史料は限られているといわれているが、筑波山麓についての史料や遺跡は、むしろ豊かである。筆者は、筑波山信仰をもとにした宗教文化圏を想定し、六所神社や飯名神社、御座替祭の存在意義を明らかにしている。また、奈良時代の官衙の遺跡保存運動・復元整備を行ってきた筆者自身によって、平沢官衙についての説明がなされている。

さらに、かつて名を馳せた平将門の子孫の一族多気氏の隆盛が日向廃寺や五輪塔の存在に触れながら明らかにされ、小田城を居城とした小田氏の治世下、極楽寺に止住した僧忍性《にんしょう》らによる仏教文化の興隆について述べている。

第二章では、『日本書紀』や『続日本紀』などで知られる六国史と『常陸国風土記』の記述を比較し、『常陸国風土記』「筑波郡条」の著名な一説である筑波山と富士山に宿る神と大和の神とのやりとりを、常陸国と駿河国に対する朝廷・律令政府のイメージとして読み取り、そこからさらに嬥歌（歌垣）の意味を明らかにしている。奈良時代の末、会津・磐城から筑波へと東国布教を行い、中禅寺（現在の大御堂）を開創したのは僧徳一であるが、空海とのやりとりや、教学の最澄と（実践による徳一）の間の宗教論争から南都仏教との結節を読み取り、中央と地方の文化を結びつける役割を担った徳一のあり方とその時代性を提示している。

第三章は、夏季の祇園祭についてである。小田の八坂神社の祇園祭礼の始まりを、土浦藩主、土屋相模守が武運長久祈願の目的で神輿を寄進したこととしている。大獅子が特徴的であり、現在、集落「境界」で神輿と獅子の対抗儀礼が行われるが、元来は神輿が御幸する際の露払いとしての役割を負っていた。獅子とモク（御神藻）および神馬の意味が取り上げられ、鎮送儀礼としての位置づけがなされている。

行方《なめがた》市麻生八坂神社馬出し祇園では、素戔嗚尊《すさのおのみこと》に擬された神輿によって八岐大蛇《やまたのおろち》として象徴化された神馬が「馬追い」される。この行事も鎮送儀礼とされるが、より祝祭的な性格が強められている。こうして両者の共通性が示されるが、祇園祭の行われる時期から収穫儀礼としての側面も見出し、稲と麦の収穫時期による時間的な「境界」観念と結びつけている。

第四章では、祭りと祭礼を取り上げて、祭りを、神迎え—饗応—神送りという一般型としてとらえる一方、祭礼を、行列を伴い見物する観客がいるものとし、主要な祭儀は昼間、夏季に行われるものが多いとしている。まず、伝統的な都市の祭礼としての石岡市の常陸国総社宮大祭を、目新しい要素が加わり観客を楽しませる側面が増えているが、祭りの一般型が守られており、「祭り」の延長上にあると位置づけている。次に、新しい都市の祭礼としての「まつりつくば」に、祭りの基本形である神迎えに相当する部分の神事が欠落している点を指摘しながらも、人々の精神的紐帯となるものを補う心情を読み込もうとしている。最後に、土浦市の佐野子で行われている「盆綱《ぼんづな》」という習俗に、神仏を共同の力によって運び、その守護の下にありたいという心情を見出している。

第五章は、近代の出来事についてである。土浦に海軍航空基地があったことを知っている人は多いかもしれない。筆者はまず、陸海軍の基地が、まるで筑波山を取り囲むかのように設置されていたことを指摘する。この点を踏まえ、筑波山周辺に設置された陸軍飛行場や海軍航空基地で飛行訓練に励んだ訓練生にとっての筑波山の意味を、その死後の世界までも含めて描こうとしている。

訓練生は筑波山を目指して飛行し、筑波山を日々体感していた。『筑波日記』から訓練の日々と筑波山に言及された個所が示され、子孫の供養を受けることができない「国のために戦って死んだ若人」の霊を、筆者は「筑波山にとどまっているように思える」と結んでいる。「筑波山は、こうした訓練生のまなざしと想いを、どのように受け止めていたのだろうか。」

第二部　「筑波山から学ぶ」からの展開

第六章では、筑波山および周辺地域における経済の特徴とその構造の変化について明らかにし、同地域経済の今後について展望することを課題としている。

まず、つくば市の人口と地域産業構造の変化とその特徴が図表とともに示されている。研究学園都市建設以降、学術研究をはじめとしたサービス業の発展に基づいた第三次産業中心の産業構造へと変貌を遂げていることが特徴として挙げられる。また、筑波山周辺とサイエンス施設という観光資源があり、農業も「北条米」だけでなく、天然芝やネギ、昨今ではブルーベリーへと多様な展開を遂げていることも指摘されている。今後の展望としては、研究・教育機関の集積を起点とした発展軸と、筑波山とその周辺の観光資源を起点とした発展軸が想定されるが、種々の点で「筑波」と「つくば」が相補的に補い合う地域的連携の重要性が唱えられている。

第七章では、筑波山麓地域がどのような「まちづくり」の文脈に置かれているのか、その歴史的経緯を、行政資料や各種刊行物を手がかりとし、筑波町時代、つくば市合併以後からつくばエクスプレス開通まで、つくばエクスプレス開通後の三期に分け、「つくば」と「筑波」という観点から概観している。さらに、現在、地域でアクティブに活動する「まちづくり」の団体を網羅し、分類を行い、その位置づけと関わりを総体的に示している。そして、筑波山麓地域での「まちづくり」活動には、自然と歴史の豊かな懐かしい空間というイメージを創ろうとする「まとまり」がある一方、個々の活動間の「つながり」が薄い点を指摘している。

筆者は地域づくりを、地元へ愛着を抱く、「地元住民」と「よそ者」との相互作用の中で、地域についての新たな見方を可能にしていく「編集」のプロセスと提示している。

第一部

筑波山から学ぶ

第一章

筑波の歴史と文化

［特別寄稿］

井坂 敦実

はじめに

ここにいう筑波は、平仮名の「つくば」とは異なる。合併によって成立したつくば市にはまだ二五年あまりの歴史しかないが、筑波には千数百年を経てきた長い長い歴史があるからである。

筑波山麓一帯の地は、奈良時代以来の歴史が連綿として続いて、途絶えることがなかった。奈良時代には筑波郡役所が平沢に設置された。平安時代には平将門を滅ぼした平貞盛の子孫が北条に館を築き、この地を中心としてその一族が常陸国の大半を支配した。鎌倉時代には小田に八田氏（後に小田氏を名乗る）が進出して、それ以来戦国時代にいたるまでの三五〇年間、小田城に拠って幾多の興亡を繰り返してきた。つまり、約千年の間、時の権力者が筑波山麓に居を構えて覇をとなえ、同時にその財力をもって時代時代の宗教・文化を形成してきたのである。

このように一つの地域の歴史が絶えることなく辿ることができるというのは、あまり類例があることではない。県内ではほかに常陸太田の例が挙げられる。ここには平安時代から近世初期まで続いた佐竹氏の歴史がある。ただ佐竹氏の場合、古い時代のことは系譜的な資料に限られ、その存在をヴィヴィッドに伝える同時代の歴史的遺産には乏しいうらみがある。これに対し筑波には、各時代の文献も比較的豊かであり、文化遺産・遺構などの残存は他を圧倒するものがある。

このような特異性がなぜ生まれたのか、それが筑波の歴史を考える場合の、根本的な大きな問題である。しかしこの問題に答えるのは容易ではない。これという明白な証拠を提示するのは不可能だからである。したがって歴史の断片と断片とをつなぎあわせ、そこにさらに推測を働かせてのうえのことだが、筆者は筑波山を中心とした古代以来続く強固な宗教文化圏の存在を想定している。これを背景にして権力者がこの地に居住し、山麓は歴史的文化的な繁栄を経てきたのだと考える。

これは後代の鎌倉時代のことになるが、この地に進出してきた八田知家は、その男子の一人を筑波山の別当に配している。この家系は後に筑波氏を名乗り、近世初期にいたるまで存続する。こうした別当家の創設は用意周到な計略に基づくものと思われる。それは筑波山信仰の祭祀権を掌握するためであったろう。俗的権力の遂行のためには、聖なる宗教的権威の支えを必要としたのである。中世においても、古代と何ら変わりなく、なお祭政一致的な権力構造は残存していた。

この八田氏の例は、これを前代に及ぼすことが可能だろう。何の証拠もないが、平安時代に北条に居を構えた平貞盛の子孫多気氏の場合も、北条に居を構えるのは、八田氏同様、筑波山信仰の祭祀権を得るためだったであろう。また筑波山の南面に位置する北条の地は、筑波山にいたる街道を扼《やく》する恰好の地でもあった。下って南北朝時代のこと、北畠親房が小田城に前後四年間にわたり身を寄せて、南朝勢力の糾合に努めたのも、筑波山の宗教的権威に依拠しようとしたのではなかろうか。小田氏が保有する軍事的基盤に依存するばかりでは、南朝方の勢力を伸長させるには脆弱であったと思われる。四年間にわたって南朝勢力を支えるには、それだけの広い支持層があったはずである。それが筑波山信仰圏と接続していたのではないだろうか（これは全くの伝承であり、歴史的な証拠とは決していえないのだが、この話を湮滅《いんめつ》させてしまっては惜しいのでここに記録しておくことにする。それは、かつて六所神社が存在した六所集落の人々の間には、北畠親房とともにこの地に移住してきたという言い伝えが残っていることである。筑波山の祭祀を分掌していた六所神社にまつわる伝承として、貴重な話である）。

そしてまた、平安時代の初期に奈良東大寺の僧徳一《とくいつ》が筑波山に来山し、鎌倉時代に奈良西大寺の僧忍性《にんしょう》が小田の地に来住したのも、筑波山の宗教文化圏の持つ力に惹きつけられたからにほかならない。逆にいえば、それ以外の理由は考えられないのである。あるいはまた、親鸞《しんらん》の常陸国来住すらも同じような影響下にあったからではないかと、筆者は推理している。権力者も宗教者も、筑波山の引力に引き寄せられるかのごとくにこの地に集まった。

慶長七（一六〇二）年に佐竹氏を秋田へ移封するや、この地を領することになった徳川家康は、さっそくその年のうちに、筑波山に五百石の地を寄進する。これもまた古代中世的な信仰の残影がこの時代にまで及んでいると考えて大過ないだろう。

繰り返すことになるが、筑波山の宗教文化圏の構想はあくまでも筆者の仮説である。明白な証拠はなく、あっても状況証拠とその継《つ》ぎ接《は》ぎでしかない。しかし山麓の地の歴史的文化的特異性を考えるとき、筑波山とその信仰文化圏を抜きにしては語れない。

筑波は格別の地であった。それもこれも筑波山があるからであった。

一　筑波山信仰

筑波山は関東の名山といわれてきた。「西に富士、東に筑波」という並称の言いならわしは、古くからのものである。この淵源は『常陸国風土記』にあり、実に千三百年の由緒がある。関東平野を一望にする独立した秀麗な山容と、男体と女体の双峰を有する独特な姿形は、古代以来人々が仰ぎ見、あまねく信仰を寄せてきた所以であった。

風土記には足柄坂以東に住む人々がこぞり集って筑波山に詣でたとあり、『万葉集』には二五首の筑波山歌が収められて、遠近の人々がこの山にいかに愛着を示していたかが歌われている。

この二五首という数は、『万葉集』に収められている山の歌の中でも、随一である。あの有名な香具山・畝傍山・

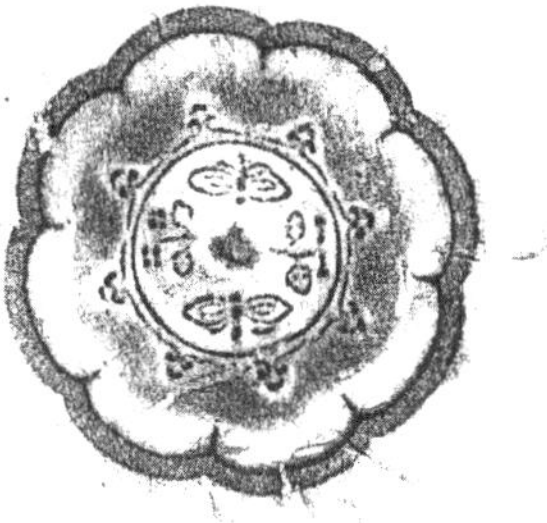

写真 1-1　筑波山出土　花卉双蝶八花鏡

耳成山の大和三山ですら一〇首内外にすぎず、富士山は一三首である。筑波山はこの山を望み見るすべての人々にとって、ランドマークである以上に、ある種のシンボルであったことは疑うべくもない。

その信仰の歴史は古い。最も古い物証は山中から出土した奈良時代を遡る七世紀初期の土器である。以来平安時代までの供献土器類はかなりの数にのぼる。また八世紀の白銅鏡（写真1-1）も採集されている。これらは祭祀儀礼の古さと手厚い尊崇を物語る遺物である。

『万葉集』巻九には「筑波山に登りて月を詠む」と題する次の歌がある。

天の原　雲無きよひに　ぬば玉の　夜渡る月の　入らまく惜しも

澤瀉久孝氏の『萬葉集注釋』はこれを口訳して「大空に雲の無い夜、この夜空を渡る月の西の山にはいる事の惜しまれるよ」として、しかし何の注釈を施すところもない。筑波山信仰について知るところがないのだろうから致し方ない。だがこれを巻二の天武天皇の皇太子である草壁皇子の殯《もがり》の場で柿本人麻呂が詠んだ歌、

あかねさす　日は照らせれど　ぬば玉の　夜渡る月の　隠らく惜しも

と比べてみれば、ありきたりの解釈ではすまされない。

写真 1-2　筑波山神社

一方が殯という斎場において敬虔な思いで草壁皇子の霊に捧げられた歌だとすれば、他方もまた、森厳なる祭りの斎場において捧げられた深い思いを込めた歌というよりない。つまり、筑波山の神に対する信仰儀式の荘重極まりない歌なのである。今風に、山に登って月を眺めて詠んだというだけの代物では決してない。徹宵して山にこもり、神に祈りを捧げて、その暁に歌われたのである。神に祈り、神と交わり語らって、夜明けを迎えたとき、神との別れを愛惜する歌なのである。あるいは山中出土の白銅鏡は、遠く奈良の都から派遣されてきた奉幣使《ほうへいし》によって、こうした祭祀の場において奉献されたものであるだろう。

これだけ古い由緒を伝える筑波山信仰であるが、その歴史的変遷の解明は困難なものがある。関係する神社だけでも筑波山神社（写真1-2）、稲野神社（現在は飯名神社と称する）、六所神社（明治四三（一九一〇）年に廃社）と、風土記に記載される「筑波の岳に有る所」の飯名社とがある。これらの関係をおおまかに示すならば、まず稲野神社は筑波山神の里宮と考えてよいだろう。神社は筑波山の麓の臼井という集落にある。社殿の背後には大きな岩が鎮座し（写真1-3）、これは明らかに古代の磐座信仰を伝える

写真 1-3　稲野神社（現飯名神社）の磐座

ものである。社殿を有しなかった古い古い時代、ここに神を招《お》ぎ迎えて、祭りが営まれた。その稲野の名は神稲《さ》野《の》に由来すると思われ、稲霊《いなだま》信仰を伝えているだろう。

筑波山神社は一〇世紀までは文献によってその存在が確認されるのだが、神仏習合の結果いつごろからか仏教勢力の支配するところとなり、中禅寺と変貌する。この中禅寺は明治初年の廃仏毀釈により廃絶し、それによって再びもとの筑波山神社に復するという経過を辿る。こうした激変の過程で多くの文物や宗教遺産が消失した。

中禅寺の発祥については、鎌倉時代末に著された『元亨釈書』の徳一伝に記載がある。

釈徳一、相宗を修円に学ぶ、嘗て本宗に依りて新疏を作り、伝教大師を難破す、相徒これを称す、一に常州築波山寺を闢《ひら》き、門葉益ます茂し、而して沙門の荘修《そうし》を嫉《にく》み、麁食《そじき》弊衣《へいい》、恬然《てんぜん》として自ら怡《たの》しむ、慧日寺に終る、全身壊《え》せず

徳一は比叡山の開祖の伝教大師最澄《さいちょう》と論争したほどの学僧であった。筑波来山は延暦年間と伝えられている。ただ、筑波山神社境内からは八世紀前期の瓦が出土しており、筑波山の仏教化という問題にはなお課題が残されている。

六所神社は、筑波山神社が寺院に変わったころ、仏教儀礼では対処できない神祭りの儀式を継承するために、分立派生した神社と筆者は推測する。その創建は鎌倉時代以前、平安時代に遡る可能性は大である。社伝では坂上田村麻呂の創建とも伝えられるが、平安時代の初期までは及ばないだろう。継承した儀式の最も重要なものが「御座替り」の神事である。この神事は六所神社が廃絶するまで続けられ、現在は筑波山神社で執行されている。

「御座替祭」は、江戸時代も今も、春秋の二季、四月一日と一一月一日に行われている。名儀は神がその坐す御座所を交替するという意味である。この祭りは江戸時代は陰陽思想によって解釈されていた。「筑波山縁起」によれば、男女の二神は冬夏の二至に交替し、冬至は一陽来復の節であり、陽気が上に昇る。よって陽の男神は山上に在り、陰の女神は山下に在る。夏至は一陰来復の節であり、陰気が上に昇る。よって女神は山上に、男神は山下に移るという。六所神社の祭礼ではこれに則り、四月一日には女神の神輿が六所神社から女体峰に遷幸し、男神の神輿は男体峰から六所神社に遷幸したという。一一月一日はこの逆になる。

ところが民間に伝承するのはこれと全く異なる。夏暑くなると子神は涼しい山上に移り、親神は下る。冬寒くなると子神は暖かな山下に移り、親神は山上に昇るというのである。この伝承の方がかえって御座替祭の真実を伝えているだろう。つまりこれは子神が中心となる祭事であることを示唆している。

神の御生《みあ》れ祭は京都の賀茂神社が有名である。筑波の御座替祭は同じように御生れする子神を迎える神事であ

ろうと思われる。山上に「御幸ヶ原《みゆき》」といわれるところがある。『筑波山名跡誌』には「常に二神往来し給へば、上古より御幸の原と称す」とある。山頂に祀られた男女二神がこの地に出遊するというのである。しかし『常陸国風土記』鹿島郡条の記載や『万葉集』の歌などから推測すれば、男女二神はこの御幸ヶ原で媾合《こうごう》するのである。これが筑波の嬥歌《かがい》の起源ということになるだろう。そうして御生れした子神を里に迎えるのである。

この子神の役割は御田植祭にある。六所神社では四月一日の祭礼に続いて、四月一〇日に御田植祭を執り行う。おそらくこれは一連の祭事である。一続きのものとして解釈してこそ、初めて御座替祭の真の意味が明らかになる。

六所神社の旧記によれば、あらかじめ優れた神馬を選んでおいて、一七日《いちしちにち》間の潔斎をする。一〇日の祭日の朝、神馬を先頭にした祭列は社殿のまわりを七回駆走する。この時社殿に奉安されていた子神が神馬に乗り移るのであろう。それが終わってから耕地中に点在する五カ所の小祠を巡行して、神田にいたり御田植えの儀式を挙行することになる。

話は飛躍するが、この一連の祭りは日本全国に伝承される田の神の話の古態を示すものではないだろうか。田の神は春には山から里に下り、秋には山に帰るといわれる。しかしこれを毎年新しく御生れする子神の来臨と考える方が筋が通るのではないだろうか。「山の神」はおしなべて女とされる。それもこれも子神の生誕のためには、母神の存在が欠かせぬためであろう。多くの山は単峰であるために単性生殖の形をとらざるを得ず、山の神は女性として固定化する。筑波山は双峰であるために、男女二神の山とみなされた。その希少性が祭式の古態を残し、御座替祭という特殊な神事を今に伝えることになった理由であるだろう。

さて、最後に筑波山神社が有する文化財に触れておこう。これらはすべて江戸時代の中禅寺の遺品である。筑波山は、江戸の東北方に位置し、江戸城の鬼門の守りとして、徳川将軍家代々の崇敬を受けた。三代将軍家光の時、全山の堂社が一新され、安土桃山時代の遺風を残す華麗な建築が造立された。そのうち仏教関係の堂塔は廃仏毀釈によって一掃されたが、神社関係のものは破壊を免れた。境内に入って最初に目につくのは神橋である。御座替祭の時に神幸の行列が渡御する。次いで、石段を昇ると随神門にさしかかる。これはもと仁王門であった。何度か焼失して、現在のものは江戸時代後期の建築であるが、楼門としては県内でも有数の規模を誇る。これを抜けて左手に進めば厳島神社があり、筑波山神社拝殿の右手には、春日神社・日枝神社の本殿二棟が建ち並び、その前面に両社拝殿が位置する。これらは将軍家お抱え大工の鈴木近江守長次の指揮のもとに建てられた建築群である。

また将軍家寄進の品々のうち、おもなものとしては吉宗銘の太刀と三十六歌仙絵額とが挙げられる。とくに三十六歌仙絵額は狩野探幽の作であり、類例が全国にあまた遺存する中でも、さすが探幽の作品であるだけに優れた出来栄えである。

二　筑波郡衙（平沢官衙遺跡）

奈良時代の常陸国においては、国府は石岡に置かれ、その下に一一の郡があった。筑波郡もその一つである。各郡には郡役所が設けられ、それを郡衙《ぐんが》あるいは郡家《ぐうけ》といった。これが当時の地方行政の最末端機構であり、今日の市町村役場に該当する。

筑波郡の郡域は、北は筑波山とそれに連なる山々によって限られ、西は小貝川を境とする。南はつくば市の旧大穂地区から旧桜村の一部、東は土浦市の新治地区からかすみがうら市の千代田地区にかけての一帯と考えられる。常陸国の総人口は平安初期は二二万人から二四万人と判明している。常陸国には一五二郷あったからこれで均等割すれば、九郷を管轄する筑波郡にはそのころ一万三千人から一万四千人が居住していた勘定になる。ちな

写真 1-4　平沢官衙遺跡復元正倉

みにつくば市北部は筑波郡に属し、南部は河内郡域に入る。その河内郡の郡衙は市内金田《こんだ》の地に置かれた。

　郡衙には用途に従ってさまざまな建物が存在した。政務を扱う庁舎を中心に、館・正倉・厨などである。役所の担当するのはもちろん民政一般であるが、とりわけ徴税が主であった。税は現物納であり、租として納められる籾や、調《つき》として納められる麻布などを収容しておくために、多くの倉を必要とした。発掘調査の指標として、その遺跡が郡衙であるか否かを決定するには、この倉庫群の存在が有力な証拠になる。平沢官衙遺跡の場合、約三ヘクタールの敷地内に約六十棟の正倉跡が確認された。庁舎や厨などの所在は未確認であるが、これだけ多数の倉庫群の出現により、筑波郡衙であることは動かぬところであろう。なお、郡衙に付属する「郡の寺」は北条中台に在る。未調査であるが、瓦の出土により古くからその存在は認められてきた。

　奈良の正倉院には筑波郡から納められた調の麻布が現存する。その一片にはこれを納めた筑波郡栗原郷の人、多治比部小□（最後の一字は判読困難であるが、軍という字のようでもある）の名が記され、またこの布を検査し、税の収受を確認した担当の国府と郡の役人の名も墨書されている。この麻布は正倉院の保管の対象とされた宝物そのものではない。貴重な宝物を大切に保管しておくために、宝物を包む当て布として使用され、今日に遺存したと考えられる。筑波の地で作られた粗末な麻布が思わぬ形で残ったものである。

郡役所の長官は大領という。大領は都へ采女を貢進するのが例であった。大領の子女のうちから選ばれた。その筑波郡の采女が『続日本紀』にしばしば登場する。その名を壬生宿称小家主といい、最後は正五位下まで昇進する。普通国守クラスですら従五位であるから、正五位とは大変な出世である。聖武天皇の后の光明皇后に仕えてよほど寵愛されたのであろう。平城京発掘調査の過程で出土した木簡に「竹波命婦」とあったのはこの人のことである。

なお、筑波郡衙がなぜ平沢の地に設けられることになったのか、立地の問題も考えておかなければならないところである。筑波郡には大貫・筑波・水守・三村・栗原・諸蒲・清水・佐野・方穂の九郷が属する。これらの地名は現在のどこに比定されるか確定しているわけではない。現在の平沢・北条のあたりが古代にはどの郷であったのか、全く不明である。筑波郡の中心は筑波郷であっただろうから、平沢・北条が筑波郷に含まれていたと考える可能性がないでもない。ただそうだとしても、筑波山の直下の盆地には郡衙は置かれず、盆地を限る城山と平沢山の南面に設けられた。これは筑波山の麓の聖域は避けられたのだと推測する。後世において北条に多気平氏が居を定め、小田に小田氏が城を構えたのも、前代を踏襲して聖なる神の領域を侵すことはなかったのだと思う。(1)

三　多気平氏と日向廃寺

平将門の「承平天慶の乱」は有名である。承平五（九三五）年平将門は伯父平国香と戦い、国香は戦死する。

以来将門と国香の子貞盛とは何度か戦闘を繰り返す。天慶三（九四〇）年、貞盛が将門を破って敗死させる。これがその乱の簡単な経緯である。筑波山麓の地にも広く戦闘は展開した。

将門がなぜ叛乱を起こしたかは定説がない。一族内部の私闘が拡大していく過程で、将門の下に時世に対する不満分子が集まるようになり、やがてその集団が公権を代表する国衙勢力と衝突するにいたった。こうなるともはや私闘ではなく、明らかに国家に対する叛逆とみなされた。そして将門が「新皇」と称して、天皇治政に明白な反抗の意志を示したことにより、中央政府から討伐される結果になったのである。

「今の世の人、必ず撃ち勝つを以って、君と為す」――将門の高らかな決起宣言である。腐敗堕落した現状を改革しようとする強固な意志もうかがえる。つぎつぎと勝利を手中にしていく姿には天下の覇者の趣がある。しかし、一本の流れ矢によって将門は絶命し、すべてが潰え去った。

乱の平定後、領地の支配は貞盛の弟繁盛の継ぐところとなり、繁盛の子孫が代々相伝する。この系統が後世に多気平氏（図1-1）といわれた家系である。多気の名は繁盛の子維幹が多気の地（今の北条）に移り住んだからである。以来為幹・繁幹・致幹・直幹・義幹と続き、鎌倉時代の初期、義幹のときに滅亡する。

この一族の繁栄は大変なものがある。本宗家から分立した子孫は、それぞれ吉田・鹿島・行方・下妻・真壁・小栗・東条などの在地名を名字として、現在の茨城県の県央・鹿行・県西・県南の各地に勢力を張った。「奥七郡」といわれた県北地方だけが佐竹氏の支配するところであった。

維幹から義幹にいたる多気氏六代の事績については、『宇治拾遺物語集』『奥州後三年記』や公卿の日記に散見される。『今昔物語集』巻二五第九話には維幹が惟基と表記されて登場する。

今昔、河内守頼信朝臣ト云者有リ。（中略）頼信、常陸守ニ成テ、其国ニ下テ有ケル間、下総国ニ平忠恒ト云兵《ツワモノ》有ケリ、私ノ勢力極テ大キニシテ、上総、下総ヲ皆我ママニ進退シテ、公事《クジ》ヲモ事ニモ不為《セザ》リケリ、亦、

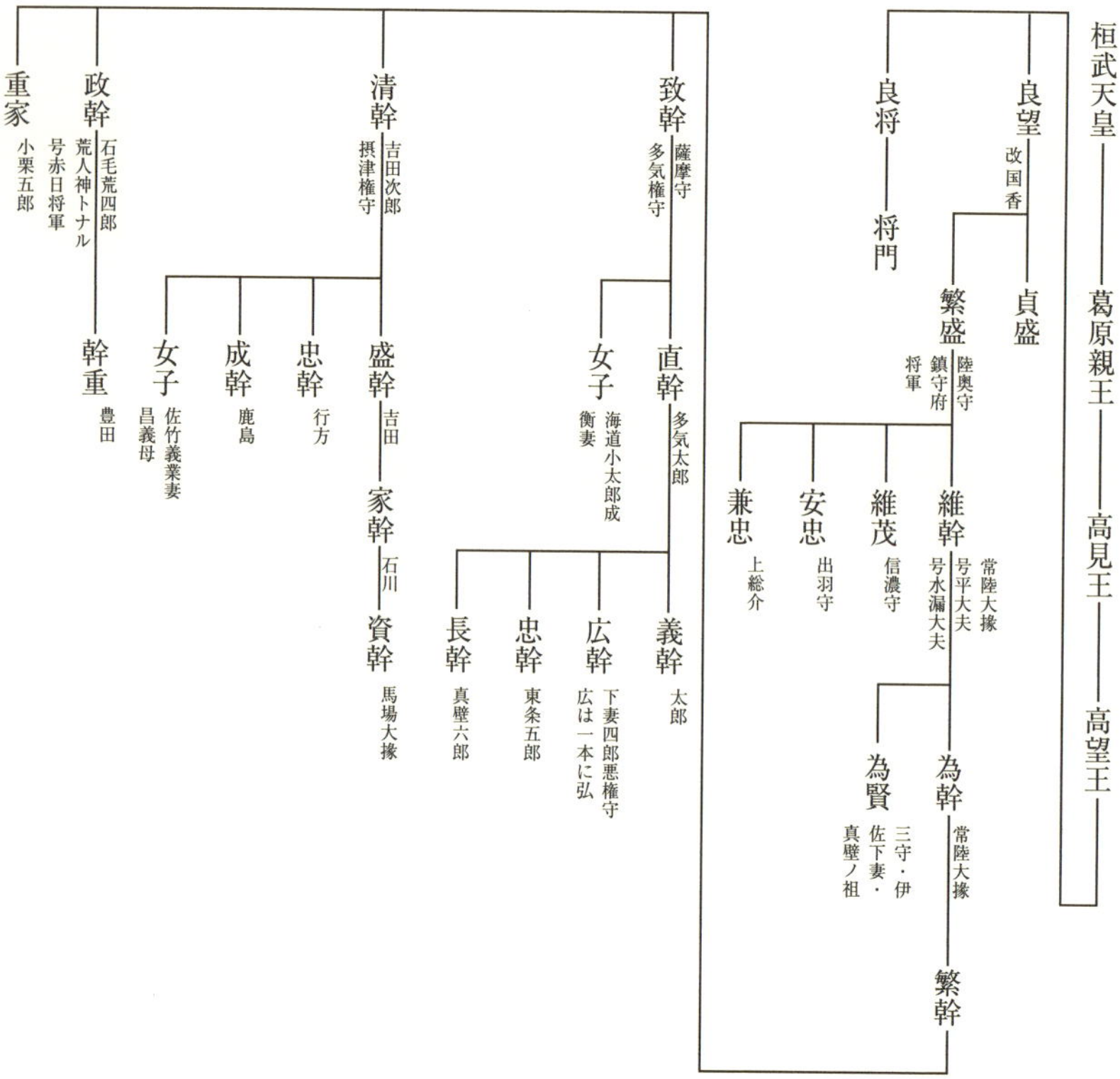

図 1-1　常陸平氏系図

常陸守ノ仰ヌル事ヲモ、事ニ触レテ忽諸《イルガセ》ニシケリ、守大キニ此ヲ咎メテ、下総ニ超エテ忠恒ヲ責メムト早ルヲ、其国ニ左衛門大夫平惟基ト云者有リ、此事ヲ聞テ、守ニ云ク、「彼ノ忠恒ハ勢有ル者也、亦、其栖《スミカ》輙《タヤス》ク人ノ可寄《ヨルベ》キ所ニ非ズ、然レバ少々ニテハ世ニ被責不侍《セメラレハベラジ》ヲ、軍《イクサ》ヲ多ク儲《マウケ》テコソ超《コエ》サセ給ハメ」。守、此レヲ聞テ「然リト云トモ、此《カク》テハ否不有《エアル》マジ」ト云テ、出立《イデタチ》ニ出立テ、下総国へ超ユルニ、惟基、三千騎軍《イクサ》ヲ調へテ、鹿島ノ御社《ヤシロ》ノ前ニ出来会《イデキタリアヒ》タリ。

この時、頼信の兵は「舘《タチ》ノ者共・国ノ兵共打具シテ、二千人計《バカリ》」とある。国守とされる頼信の兵が二千人に対し、維幹の手勢は騎馬武者三千である。いかに強勢を誇っていたかが察されよう。

四代致幹は『奥州後三年記』に宗基として登場する。

永保のころ奥六郡がうちに清原真衡といふものあり、（中略）真ひら威勢父祖にすぐれて国中に肩をならふるものなし、（中略）真ひら子なきによりて海道小太郎成衡といふものを子とせり、年いまだわかくて妻なかりければ、真衡成衡が妻をもとむ、当国のうちの人はみな従者となれり、隣国にこれをもとむるに、常陸国に多気権守宗基といふ猛者あり、そのむすめをのづから頼義朝臣の子をうめることあり、頼義むかし貞任をうたんとてみちの国へくだりし時、旅のかり屋のうちにて彼女にあひてけり、すなはちはじめて女子一人をうめり、祖父宗基これをかしづきやしなふ事かぎりなし、真ひらこの女をむかへて成衡が妻とす

「前九年の役」の時、奥州の安倍貞任討伐に向かう途次、源頼義はこの地を訪れて多気致幹の館に泊まった。そこで致幹の女と一夜の契りを結び、女子が産まれる。この女子が成衡の妻になったというのである。致幹はここで、常陸国の猛者といわれる。頼義もまたおそらく致幹の勢力に頼むところがあったろうと推測される。多気氏の権勢は中央にも奥州にも聞こえるところであった。

この多気氏の隆盛を伝えるのが「日向廃寺」（図1-2）である。間口三間に奥行四間の本堂の左右に翼廊がとりつく。これは京都の宇治平等院鳳凰堂の形式である。軒丸瓦は三ツ巴文、軒平瓦は剣頭文であり、当時京都で生産されていた瓦の文様の影響を受けている。実年代は一二世紀後半から一三世紀初期とされる。後述するように義幹は一一九〇年代に処刑される。したがって義幹の晩年にこの寺は造立されたのであろう。平安から鎌倉へとまさに時代が移り替ろうとするその時期である。(2)

多気氏の遺品として次に挙げるべきものは、義幹墓（写真1-5）として言い伝えられてきた五輪塔である。

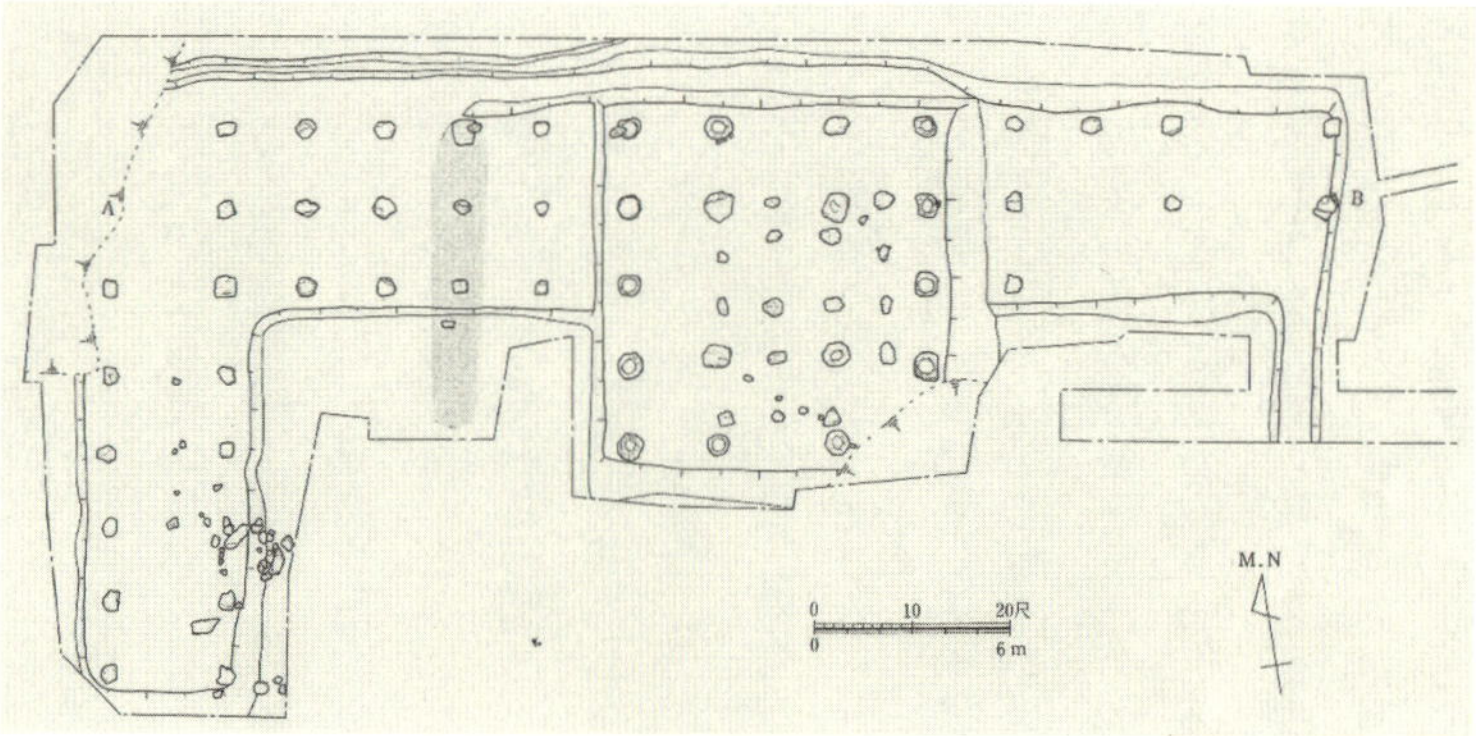

図 1-2　日向廃寺実測図

写真 1-5　伝多気太郎義幹五輪塔

これは川勝政太郎著『日本石造美術辞典』に鎌倉時代中期の作とするが、筆者は鎌倉時代初期のものとみて差しつかえないと考える。

多気義幹が八田知家の奸計に陥って破滅させられた経緯は、『吾妻鏡』建久四（一一九三）年六月条に詳しい。知家が謀略を計画し、根も葉もないデマを流して、義幹に戦争の準備をさせる。義幹はデマに騙されて、城郭を構え、一族郎党を集めて多気の山城に楯籠る。知家はそこで、この一件を頼朝に訴える。鎌倉に召喚された義幹は抗弁むなしく叛逆を企てたとして処刑されるのである。この義幹の霊を供養するために建てられたのが今に残る五輪塔であろう。栄華を誇った多気氏の最後の遺品である。

四　小田氏と仏教文化

小田氏（図1-3）の始祖は八田知家である。下野の宇都宮氏の出自である。それがなぜ常陸国に進出して勢力を得るようになったかについては、全く不明である。頼朝の挙兵は治承四（一一八〇）年、以後知家は頼朝の眷顧を受けて、またたく間に出世を遂げていく。文治五（一一八九）年の奥州藤原氏征討においては、知家は千

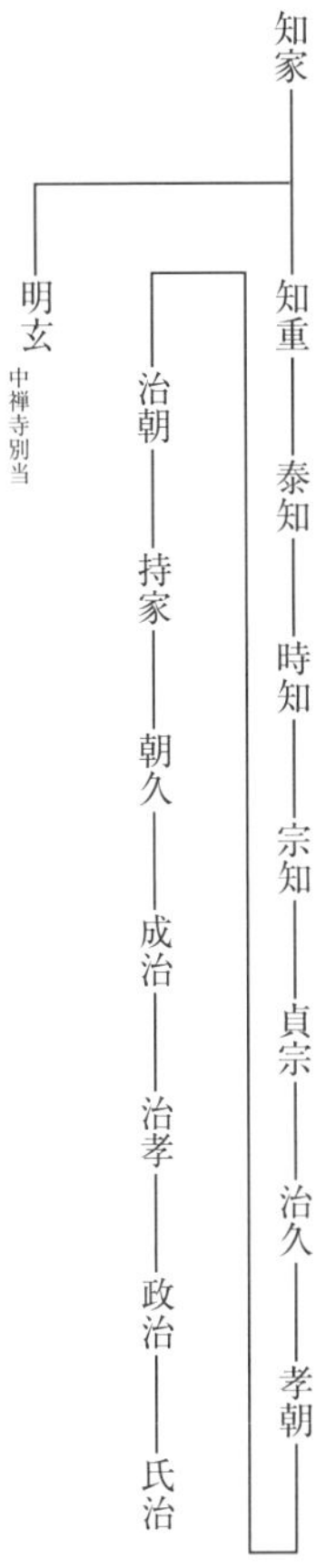

図 1-3　小田氏略図

手中にするわけである。

葉介常胤とともに東海道の大将軍に任じられ、常陸・下総両国の軍勢を指揮する。この時にはすでに常陸国守護職に在任していたと考えられる。そして建久四（一一九三）年に多気義幹を滅亡させるや、その広大なる領地を手中にするわけである。

八田氏は四代時知の時から小田氏を名乗ったといわれ、知家から数えて一五代氏治に及ぶ。その三五〇年間の小田氏の興亡は興味が尽きない。権勢を誇示した鎌倉時代以来の名家が、やがて戦国争乱の時代の中で亡んでいくのである。歴史の推移の非情な有為転変を思わざるを得ない。

栄達を遂げた知家の死後、二代知重の時代以後になると少しずつかげりがさしてくる。執権北条氏の圧迫を受け、次第に追いつめられていく。いつしか守護職の地位を失い、領地は北条氏に蚕食される。その失地を回復しようとして、七代治久は南北朝の騒乱の中で南朝方に組し、北朝方に抵抗する。次の八代孝朝は従四位下讃岐守という小田氏歴代の中では最も高い官職を授けられ、旧領の回復にも成功する。しかし嘉慶元（一三八七）年に難台山籠城という事件を起こし、再び失墜する。一〇代持家・一二代成治の苦心の経営を経て、一四代政治の時には戦国大名としての立場を築くにいたる。だが一五代氏治の弘治二（一五五六）年、小田原北条氏の軍勢によって小田城は攻略され、氏治は土浦に敗走する。それが小田氏滅亡の始まりであった。永禄一二（一五六九）年佐竹勢の攻撃により小田城は落城し、以後小田氏は小田城に戻ることはなかった。それからの小田城は占領軍佐竹氏の支配するところとなり、慶長七（一六〇二）年に佐竹氏が秋田に移封されて、城は廃城を迎える。

小田城跡（写真1-6、図1-4）の発掘調査によれば、一三世紀半ばごろから居館の遺構らしきものが確認された。したがって、小田城は鎌倉時代から近世初期まで一貫して維持された城として全国にも稀有な存在である。一四世紀に方形に堀が巡らされ、これが以後の小田城の原型となる。その後土塁が築かれ、戦国時代には土塁や堀がより防備性の高いものへと改変される。佐竹氏の時代にはさらに一層の大改造が施された。

小田城は昭和一〇（一九三五）年に国指定史跡となった。その範囲は二一ヘクタールに及ぶが、元来の小田城

写真 1-6　小田城跡

の惣構えはその三倍か四倍はあったであろうと思われる。

小田氏の長い治政における文化的遺産としては、仏教文化を逸することはできない。まず筆頭は極楽寺であるが、これは後述することにする。次に七代治久の高岡法雲寺（土浦市）が挙げられる。入元した復庵《ふくあん》宗己《そうき》を迎えて開山とする。復庵の師中峰《ちゅうほう》明本《みんぽん》の法を伝え、幻住派の一の根拠地としてその厳しい指導は天下に名を馳せた。八代孝朝は小田に崇福寺を建てる。これは鐘銘の後世の写しが残っているばかりで、詳細は不明である。また大村に崇源寺（つくば市）を建立する。法雲寺の末寺である。この寺の鐘は佐竹氏が戦利品として持ち去り、古内清音寺（城里町）に寄進されたが明治期に焼失した。このほか小田地内には東禅寺や北斗寺、千光寺などという寺があったと思われるが、判然としない。太田の善光寺（石岡市）も小田氏ゆかりの寺であり、室町時代建立の山門が現存する。小田氏との関係は不明だが、玉造西蓮寺（行方市）の仁王門は天文年間に小田の大工が建てたものである。塔所としては

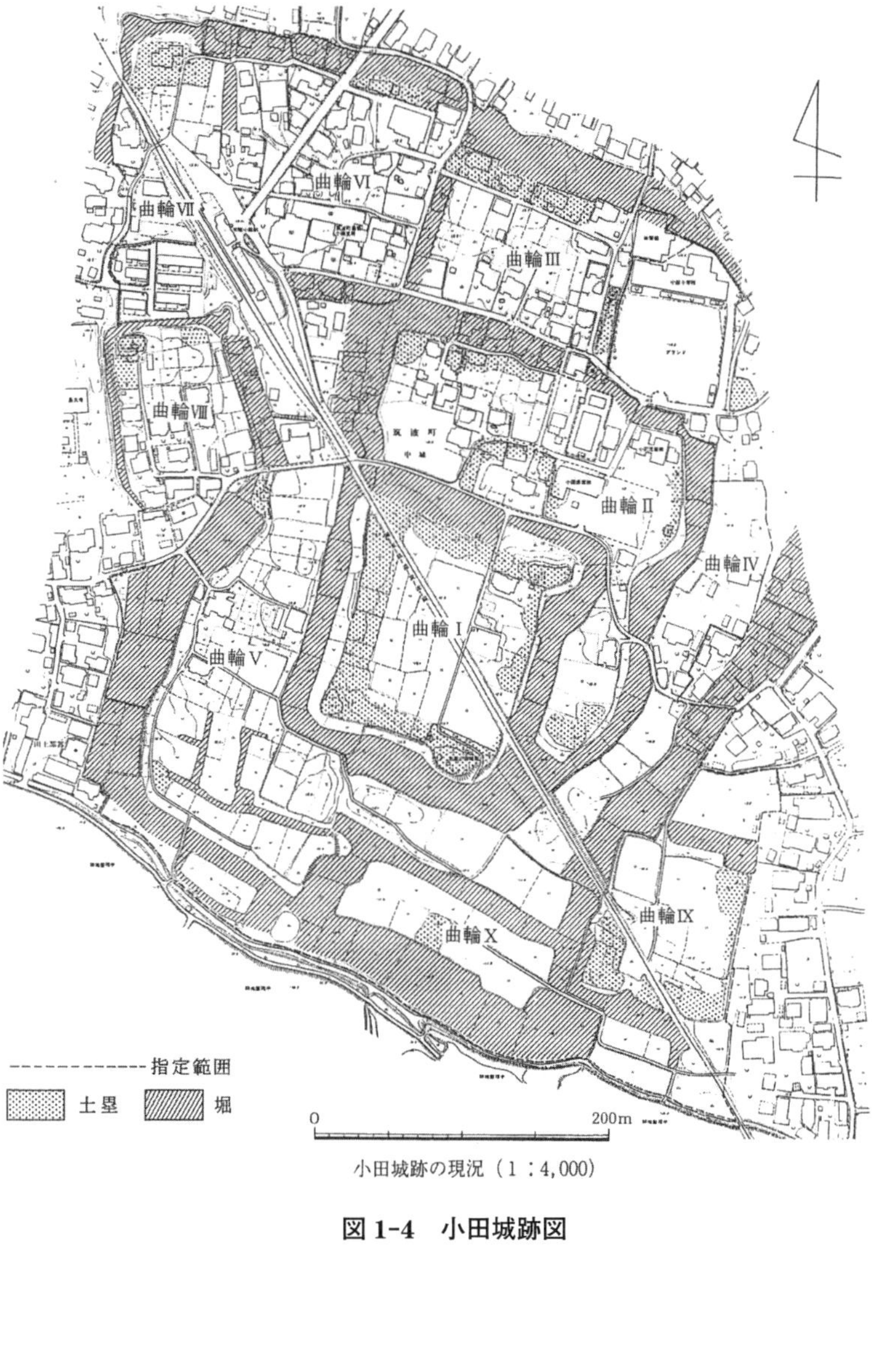

小田城跡の現況（1：4,000）

図 1-4　小田城跡図

写真 1-7　長久寺石灯籠

写真 1-8　石造地蔵菩薩立像

八代孝朝の牛渡宝昌寺（かすみがうら市）、九代治朝の沖宿海蔵寺（土浦市）、一二代成治の藤沢松岳寺（土浦市）がある。宝昌寺には九重層塔が、松岳寺には五輪塔が現存し、それぞれの時代の作風を伝えている。牌所としては一〇代持家の金粟院、一一代朝久の永興院、一四代政治の巣月院が小田の地に在ったと思われる。これらはすべて戦火によって焼失し、のちに法雲寺境内にその塔頭として再建されたものらしい。

さて、そこで極楽寺である。極楽寺の起源はまだ明らかではないが、宝篋山の中腹に薬師堂跡が存在するところから推測すれば、元来は筑波山系の山岳寺院に由来するかと思われる。八田知家は薬師堂はそのままに置いて、山麓に仏堂を建立する。鎌倉二階堂に頼朝が造営した永福寺の瓦の文様がここで使われている。また知家寄進の建永（一二〇六〜〇七年）銘の鐘は、現在土浦市の等覚寺に現存する。

建長四（一二五二）年に奈良西大寺の僧忍性はこの地にいたり、極楽寺に一〇年間止住する。西大寺には石工集団が所属していたといわれ、西大寺流律宗系の寺院には多くの石造物遺品が存在する。これは小田の極楽寺も同じである。忍性は正嘉二（一二五八）年に極楽寺の堂舎を再営する。このとき、本堂の前に古式に則り一基の石灯籠が置かれたはずである。これが今日長久寺に在る石灯籠（写真1-7）であろう。鎌倉には現存しない鎌倉時代の石灯籠である。同じころ宝篋

写真1-9　極楽寺五輪塔

山頂の宝篋印塔も造立されたと思われるが、一具完存しないために年代判定が不確かである。鎌倉時代以来宝篋印塔は大旨墓標、あるいは供養塔として造立されるのが通例であるが、宝篋山頂に在るのは「宝篋印陀羅尼経」の趣旨に沿い高山の峰上に営まれたもので、宝篋印陀羅尼の功徳を遍く一切に及ぼし、もって生類すべての成仏を果たさんとする大願に基づいている。忍性が鎌倉に去った後の正応二（一二八九）年には、石造地蔵菩薩立像（写真1-8）が造られた。像を容れる屋蓋つきの石龕も良く残り、鎌倉時代後期の優品である。極楽寺址の奥の院とでもいうべき地には大五輪塔（写真1-9）が現存する。基礎を含めると総高三メートルを超える堂々たる五輪塔である。

小田氏の滅亡とともに、多くの文化財が失われた。ただ石造物遺品だけは焼失を免れて今日に残った。

以上「筑波の歴史と文化」についてその大概を記した。この山麓の地における豊かな歴史の流れは、その住民にとって誇りである。恵まれた自然とともに人々はこの地に代々暮らし、満ちたりた生活を享受してきた。しかし今や高齢化・少子化の時代を迎え、山麓の農村集落は危機的状況にある。これからの歴史はどう展開するのか――それは次世代の若い人々に託するよりない。

【注】

（1）平沢官衙遺跡は筆者にとって思い出深い遺跡であるので、一言しておきたい。ここに昭和五〇（一九七五）年ごろ茨城県住宅供給公社が住宅団地を造成することを計画した。その結果記録保存のための事前調査が実施された。次々と遺構が現れて、次第に重要な遺跡であることがわかってきた。そこで何人かの知友とともに保存運動を始めた。困難な障害に何度もつき当たったが、郡衙研究の第一人者である高井悌三郎氏をはじめとする多くの人々に支援されて、足掛け五年を経て国指定史跡として認められるにいたった。その後遺跡は放置され、草の伸びるに任されていた。全国千七百件の国指定史跡のうち、かなりの数の史跡の置かれている現状は、同様である。ところが筆者ははからずも筑波町長になり、つくば市合併後は教育長に就任することになった。遺跡を放置してはおけぬ責任を負う立場に就いたわけである。そこで復元整備を計画し、時の市長に認められて、平成一五（二〇〇三）年に「つくば市歴史広場平沢官衙遺跡」として公開するまでにこぎつけた。現地には「NPO法人平沢文化財フォーラム」が結成され、遺跡の管理と案内所の運営に携わっている。今では年間五万人の来場者を迎えており、市内の一大名所である。遺跡にも幸不幸がある。開発行為によって人知れず葬り去られる遺跡がある。記録保存という名のもとに発掘調査は行われはするが、それが済めば破壊されてしまう遺跡がある。今にして思えば、平沢官衙遺跡は幸運に恵まれた遺跡であった。

（2）多気氏代々の権勢から考えると、多気氏の本拠地に造立されたのはこの日向廃寺だけというのは、いささか寂しい気がする。多気氏は歴代天台宗を信奉していたことが知られており、奥州平泉の仏教文化の隆盛を考えると、もの足りない気がする。再び私事にわたるが、本廃寺は筆者が工事現場に日参して見つけたものである。その後近くの地形を見てまわった結果、ほかにもそれらしい地形を残す場所がある。さらなる発見は次世代の人々に託したい。

第二章

古代の筑波山と徳一

根本 誠二

はじめに

関東平野の北部にそびえる筑波山《つくば》は、茨城県、ことに県南の人々にとっては、朝な夕な、季節ごとに変化する姿を日々目に親しまれている。筑波山は、標高八七一メートルの男体山と八七七メートルの女体山の二つの峰よりなる。わずかに女体山の方が、標高は高くなっている。比較的なだらかな双体山である。双体山であることから、古代以来、おのおのをイザナギ、イザナミの神が宿る神の山とイメージされてきた。近年、都心からの交通の便が格段に改善されたこともあり、一年中、多くの観光客や登山客で賑わっている。そして、筑波山という〝山〟の登山口ともいえるのが、茨城県県南地域の中心ともなっているつくば市に所在するつくば駅である。現代では、多くの観光客が、筑波山の南に位置するつくば駅を〝山〟の入り口として、早々に筑波山の麓までバスに身をゆだねることとなっている。しかし、筑波山の姿をよくよく眺めると三方を加波山などに取り囲まれているとはいえ、北部の石岡市や常総市からも筑波山の頂きを目指すことは可能である。それを物語るのが、江戸時代に石岡・八郷・真壁、さらには土浦から筑波山の麓の町である神郡《かんごおり》を経由して大御堂（中禅寺）・筑波山神社や山頂を目指して通じていた「つくば道」である。さらには、大正七（一九一八）年に開業し昭和六二（一九八七）年三月末までJR常磐線土浦駅を始発としてJR水戸線岩瀬駅まで通じていた筑波鉄道である。途中の筑波駅から人々は、新たな登山口を登り、筑波山神社や山頂を目指していたのである。

いずれにしても、いつの間にか筑波山を目指す人々は、かつて常陸国の国府が所在していた石岡市などの北側からではなく南側のつくば市から山頂を目指すこととなった。果たして、いつごろからであろうか。そのことを考察することによって、いわゆる県南の人々の身近に位置する筑波山、さらには茨城県、ないしは常陸国の歴史的な環境の特質の一端の解明を試みたい。

ちなみに筑波山と同様に信仰の山として、北陸地方にそびえる白山は、石川県・福井県・岐阜県の三方（おのおのに加賀・越前・美濃の三馬場と白山神社が所在する）から山頂を目指すルートがあり、東海地方にそびえる富士山も、静岡・山梨の両県からおのおのに所在する浅間神社を出発点として山頂を目指している。たとえ連山であったとしても山の周囲の地域から多種多様のルートをもって山頂を目指すのが、通例であったように思う。

一　古代の筑波山と富士山

古代の常陸国の一端を知る手立てとして、『日本書紀』以来の六国史を繙いてみたい。六国史の第二の『続日本紀』（以下、『続紀』と表記する）和銅二（七〇九）年九月己卯条(1)によると、

遠江・駿河・甲斐・常陸・信濃・上野・陸奥・越前・越中・越後等の国の軍士、征役を経ること五十日已上の者に、復一年を賜ふ。

とあり遠江国以下九カ国から、「征役」つまり蝦夷の征討に参加した人々の税を一年間免除するとしている。常陸国は、駿河国などとともに、東北地方に勢力を展開していた蝦夷への対策のために兵を送り出すなどの重要拠点であったことがわかる。その後も、平安時代の前半にいたるまで、この傾向は続いた。

常陸国は、新治郡・筑波郡以下一一郡を擁し、律令（例えば職員令大国条など）の規定によれば、大国・上国・中国・下国とあるうちの大国に位置づけられていた。いわゆる「ミチノオク」と称された東北地方のすぐ南に接していたために、なおさら、いわゆる蝦夷対策の兵站基地としての重要な役割を担っていた。しかし、同じ役割

を担っていた駿河国などとは、大和朝廷なり律令政府の抱いてきたイメージは異なるように思う。その一端を物語るのが、『常陸国風土記』「筑波郡条(2)」に見る常陸国の筑波山と駿河国・甲斐国の富士山をめぐる、次の一節ではないか。

古老の曰へらく、筑波の県《あがた》は、古、紀の国と謂ひき。美万貴の天皇のみ世、采女臣の友属《ともがら》、筑箄命《つくばのみこと》を紀の国の国造《くにのみやつこ》に遣はしき。時に、筑箄命云ひしく、「身《わ》が名をば国に着けて、後の代に流伝へしめむと欲《おも》ふ」といひて、即ち、本の号を改めて、更に筑波と称ふといへり。〈風俗の説に、握飯《にぎりいひ》筑波《つくば》の国といふ。（以下は略《はぶ》く）〉

古老の曰へらく、昔、神祖《みおや》の尊、諸神たちのみ処に巡り行でまして、駿河の国福慈《ふじ》の岳に到りまし、卒に日暮に遇ひて、遇宿《やどり》を請ひたまひき。此の時、福慈の神答へけらく「新粟《わせ》の初嘗《にひなへ》して、家内諱忌《ものいみ》せり。今日の間は、冀《ねが》はくは許し堪へじ」とまをしき。是に、神祖の尊、恨み泣きて詈《の》告りたまひけらく、「即ち汝が親ぞ。何ぞ宿さまく欲りせぬ。汝が居める山は、生涯《いき》の極み、冬も夏も雪ふり霜おきて、冷寒《さむさ》重襲《しき》り、人民登らず、飲食《をしもの》な奠《まつ》りそ」とのりたまひき。更に、筑波の岳に登りまして、亦客止《やどり》請ひたまひき。此の時、筑波の神答へけらく、「今夜は新粟嘗《にひなへ》すれども、敢へて尊旨《みこと》に奉らずはあらじ」とまをしき。爰に飲食を設けて、敬び拝み祇《つつし》み承りき。是に、神祖の尊、歓然《よろこ》びて謌ひたまひしく、

愛《は》しきかも我が胤《すゑ》巍《たか》きかも　神宮《かみつみや》
天地と並斉《ひと》しく　日月と共同に
人民《たみくさ》集ひ賀ぎ　飲食《みけみき》富豊《ゆたけ》く
代々絶ゆることなく　日に日《け》に弥栄《いやさか》え
千秋万歳に　遊楽《たのしみ》窮《つき》じ

とのりたまひき。是を以ちて、福慈の岳は、常に雪ふりて登臨ることを得ず。其の筑波の岳は、往集《ゆきつど》ひて歌ひ舞ひ飲《さけの》み喫《ものくら》ふこと、今に至るまで絶えざるなり。（以下、略く）

それ筑波岳は、高く雲に秀で、最頂《いただき》は西の峯崢《さか》しく嶸《たか》く、雄の神と謂ひて、登臨らしめず。唯、東の峯は四方磐石《よもいはほ》にして、昇り降りは峡《けは》しく屹《そばだ》てるも、其の側に泉流れて冬も夏も絶えず。坂より東の諸国の男女、春の花開くる時、秋の葉の黄《もみ》づる節、相携ひ駢闐《つらな》り、飲食を齎賚《もちき》て、騎《うま》にも歩《かち》にも登臨り、遊楽しみ栖遅《あそ》ぶ。其の唱にいはく、

　筑波嶺に　逢はむと　いひし子は　誰が言聞《ことき》けば　神嶺　あすばけむ。
　筑波嶺に　廬りて　妻なしに　我が寝む夜ろは　早やも　明けぬかも。

詠へる歌甚多《いとおほ》くして載車《のす》るに勝へず。俗の諺《ことわざ》にいはく、筑波峯の会《つどい》に娉《つまどひ》の財《たから》を得ざれば、児女《むすめ》とせずといへり。

以上、長文に及ぶ引用であるが、内容としては、筑波山（写真2-1）と富士山（写真2-2）のイメージの違いと『万葉集』にもみる嬥歌についての記述である。

『常陸国風土記』、すなわち一連の『風土記』は周知のように和銅年間に国々からの報告をもとに作成された日本で最初の地誌である。その一節の筑波郡にみる「神祖の尊」の一夜の宿の求めに対して、富士山は新嘗の祭祀（秋の収穫への感謝の祭り）で忙しいと断るが、筑波山は受け入れたというものである。これ以後、富士山は常

写真 2-1　筑波山

に雪を頂き、山頂を目指すこともままならぬ山となり、人々の生活から隔てられた。これに対して、筑波山は常に人々の入山や散策の場として親しまれることとなり、『万葉集』に見るように男女の出会いの場という意味だけではない嬥歌が盛んとなったというものである。

　富士山そのものではないが、その位置する国である駿河国に関わる記述が、『日本書紀』皇極天皇三（六四四）年秋七月条(3)に、

> 東国の不尽河辺の人大生部多《おほふべのおほ》、虫を祭ることを村里の人に勧めて曰く、此は常世《とこよ》神なり。此の神祭る者は、富を寿とを到すと。巫覡《かむなぎ》等、遂に詐りて神語《かむごと》に託して曰く、常世の神を祭る者は、貧しき人は富を致し、老人は還《かへ》りて少《わか》ゆと。是に由りて加勧《すすめ》めて民の家財宝の酒を陳ね、菜・六畜を路の側に陳ねて、呼はしめて曰く、新しき富入来れりと。都鄙の人、常世の虫取りて清座《しきゐ》に置き、歌舞ひて福を求め、珍財を棄捨つ。都《かつ》て益す所無くて損《おと》り費ゆること極て甚し。是に、葛野の秦造河勝、民惑あるるを悪《にく》みて、大生部多を打つ。其の巫覡等、恐れて其の勧め祭ることを休めつ。時の人、便に歌を作りて曰く、

写真 2-2　富士山

太秦《うずまさ》は　神とも神と　聞え来る　常世の神を　打ち懲《きた》
ますも

と。此の虫は常に橘の樹に生る。或は曼椒《ほそき》に生る。〈曼椒、此をば褒曽紀《ほそき》と云ふ。〉其の長さ四寸余、其の大きさ頭指《おほよび》許り。其の色緑にして有黒点《くろまだら》なり。其の貌全ら養蚕に似る。

とあり、大生部多が蚕にも似た虫をもってその勝ち負けによって吉凶をはかるなどして、多くの人々をひきつけていた。これを称して、常世神であるとしている。常世神は、不老不死を象徴する神であり、「異端」とされた神である。異端とするのは、精神史的には、特権的な信仰であった不老不死への祈りを在地の人々が奉ずるということによるものであり、富士山周辺の大和朝廷に対する自立性を象徴する事件でもあった。こうした異端的な信仰活動に対して、渡来系の官人であった秦河勝が取り締まりに当たることとなったのである。そして、見事にその任を果たした河勝に対して人々のたたえている様子をうかがえるのが前述の歌である。太秦の河勝さまは、神の中でも神という評判の高いあの常世の神を打ち懲らしめになったことよという意味であるのは、後に河勝が、太秦広隆寺（京都市右京区太秦・

真言宗御室派）を創建したとの所伝を念頭に置くならば、中央の文化を象徴する仏教の篤信家である河勝が、地方の宗教運動を鎮圧したといえよう。このことは富士山にまつわる仙境であるとする伝承と考え合わせると一考を要する。[4]

仙境とは、古代にあっては為政者、なかでも天皇が占有する不老不死をイメージする異界的な空間である。それを、古代の人々は大和国の吉野山に見出すことが多い。富士山に漂う雲に古代の人々は、峻険な山であるがゆえになおさら、何事にもくみしない〝モノ〟、すなわち霊力を感じ、なかでも不老不死のイメージを想起したのである。そして、まさに為政者である天皇は、自らの一層の権威の象徴の増大を目論見て、不老不死＝不尽＝富士のイメージをもって、果てはその薬（不尽薬と称する仙薬のことか）を求める使者を派遣し己のものとしようとしたのである。皇極天皇の時代（六四二～六四四年）の富士川周辺での「巫覡等」の行動に秦河勝を派遣して鎮めたのも、こうしたいわゆる神仙郷が醸し出す仙薬との関わりがありそうである。

筑波山と富士山に関する六国史や『風土記』に見る記述内容の相違は、常陸国なり駿河国、ないしは筑波山と富士山に対する、大和朝廷なり律令政府がいだいてきたイメージの相違の一端を物語ると考えたい。

二　徳一と筑波山

筑波山は北陸地方の白山や立山のような峻険な山ではない。筑波山には明治初年の神仏分離にいたるまで現在は大御堂（つくば市筑波・真言宗豊山派）となっている徳一が開創した中禅寺が所在していた。開創年代の特定は、ひとまずおくとして、いわゆる中禅寺の開山である徳一の人物像（行実とも）を語る史料は乏しい。例えば、鎌倉期の虎関師錬（一二七八～一三四六）による『元亨釈書』第四慧解二之三徳一条[5]によれば、釈徳一、相宗を修円に学び、嘗て本宗に依りて新疏を作りて、伝教大師を難破す。相徒之を称むる。一に常州築波山寺を闢き、門葉益《ますま》す茂きなり。而るに沙門荘侈《おごり》を嫉みて、麁食弊衣もて、恬然《てんぜん》として自《おのずからたのし》怡む。慧日寺に終るも、全身壊せず。

とあるように、賢憬《けんきょう》（七一四〜七九三）とともに室生寺（奈良県宇陀市・真言宗室生寺派）の創建に尽力した奈良興福寺の僧修円（?〜八三五）に師事して、南都六宗のうちの法相宗の教学を修得し、伝教大師、乃ち最澄（七六七〜八二二）と宗論を行い、これを論破したという。さらに常陸国の筑波山に寺院、いわゆる筑波山寺（中禅寺）を建立し、多くの弟子を養成した。平素は、衣食にこだわることなく、それを良としていた。会津の慧日寺（福島県耶麻郡磐梯町・真言宗豊山派）で死去したが、あたかも生けるが如くであったという。ほかに一三世紀中期の成立と伝える『南都高僧伝』徳一条(6)によれば、

一、徳一菩薩、恵美大臣の息なりと云々。本字菩薩と号し、或は大師号す。天長元年七月二十七日、慧日寺より常陸国に下着す、年七十六なり。徳一、寺を常陸国に御建立し、山寺を中禅寺と名づくと云々。

とあり、『元亨釈書』にはなかった常陸国に来た年時を天長元（八二四）年七月と銘記し、『尊卑分脈』に見る恵美大臣、すなわち藤原仲麻呂の子息であるとしている。(7)両書の相違することは、徳一がどのような経路を経て常陸国に来て、どこで死去したかである。一説によれば、徳一が奈良を離れ東国に来たのは二〇歳前後であるともいう。『元亨釈書』では、会津で死去したとあるが、『南都高僧伝』では、会津から常陸国に来て、筑波山に中禅寺を建立したとあるのみで、死去した場所については明記していない。この点については、後述するように常陸

国を重視する所伝と会津を重視する所伝とに大別されていく。いずれにせよ、徳一に関する記述は、奈良末期から平安初期という同時代史料には見出すことができない。生没年についても天平宝字四（七六〇）年～承和七（八四〇）年、ないしは、天応元（七八一）年～承和九（八四二）年という説があるが不詳である。出自についても、前述のように、『尊卑分脈』第二篇武智麻呂公孫条には、藤原仲麻呂（恵美押勝・七〇六～七六四）の第六子の刷雄《よしお》（生没年不詳）であるかとしているが、確定をみない。ちなみに刷雄については、『続紀』天平勝宝四（七五二）年閏三月丙辰条[8]によると、

遣唐使の副使已上を内裏に召して、詔して節刀を給ふ。仍りて大使従四位上藤原朝臣清河に正四位下、副使従五位上大伴宿祢古麻呂に従四位上、留学生无位藤原朝臣刷雄に従五位下を授く。

とあるように、遣唐使の一員として唐に留学している。そして、帰国は、唐僧鑑真（六八八～七六三）と同時期であったという。こうした経歴は、その後、父藤原仲麻呂の事件に際して、本来は、連座し罪に服すべきであったが、『続紀』天平宝字八（七六四）年九月壬子条[9]に「独り第六子刷雄のみ少《わか》きより禅行を修するを以て、其の死を免じて隠岐国に流す。」とあるように、幼少のころ仏道修行に努めたことをもって刑死をまぬがれている。その後の刷雄の来歴は、『続紀』宝亀三（七七二）年四月壬戌条[10]に「无位藤原朝臣刷雄を本位の従五位下に復す。」とあるように名誉を回復された。その時期は、まさに父仲麻呂のライバルであった道鏡が下野国薬師寺にて死去したことを、下野国の国司が報告した数日後であった。その後は、但馬守・上総守を経て、大学頭等の中央の官職についている。『続紀』には延暦一〇（七九一）年七月癸亥条[11]に、「従五位上藤原朝臣刷雄を陰陽頭と為す」とあり、陰陽道を司る陰陽寮の長官に就任した記述を最後としている。

徳一と刷雄では、生没年に差があるので、両者を同一人物とするのは無理があるが、父藤原仲麻呂と同様に唐

僧鑑真と親交があったことや、極位極官を極めるも反乱にいたった藤原仲麻呂の子弟として名誉を回復するという曲折に満ちた生涯を深読みすると、あながち無視し得ない両者の関係である。

ただ、奈良末期から平安初期にかけては、徳一のように中央の仏教界から地方の仏教界に身を投じた僧尼を散見できる。例えば、嵯峨天皇（七八六～八四二）の「殊遇」を得て、弘仁九（八一八）年六月に八十数歳で死去したとする興福寺僧の玄賓（?～八一八）もその一人といえよう。玄賓は『日本後紀』大同元（八〇六）年四月丙辰条[12]に見るように、元興寺の僧で少僧都大法師勝虞（七三二～八一一）とともに、通常であれば律師を経るべきであるが、いきなり大僧都に任ぜられている。このことからもわかるように、玄賓は桓武天皇・平城天皇、さらには嵯峨天皇から、ことさらな帰依を得ていた。ことに嵯峨天皇は再三、玄賓に書や施物を送り、ともすると帰京を促している。しかし、玄賓は、『元亨釈書』第九感進一玄賓条[13]に、「また、族人道鏡称徳帝に媚ぶるを疾《にく》んで、潜に伯州の山に入る」とあるように、道鏡（?～七七二）と同じ弓削氏であったために、このことを憂えて伯耆の山に入り、さらには備中国の湯川寺に行ったという。

そして、弘仁七（八一六）年八月には、備中国哲多郡に隠遁の生活を求め、その地で同九（八一八）年六月に八十数歳で死去したという。ともすると玄賓と備中国との関係は、伝承的な記述に満ちている[14]。このことについては、徳一の場合も、なぜ東国へ、いわゆる下向したかの背景を探るためにも、自説の拙さを差し置いての見解であるが、伝承史料や縁起も視野に入れて、憶測を逞ししてでも何らかの試案を提出すべきであろう。

三　徳一と平安仏教者

徳一は、南都から会津・いわきないしは常陸の筑波の地域に下向したといえ、中央の仏教者と没交渉ではなかった。むしろ、中央の仏教者が書簡を送り「好《よしみ》」を通じることを求めた。ことに空海（七七四〜八三五）は、「高野雑筆集」（原漢文・一四）によれば、

摩騰遊ばずば振旦久しく聾し、康会至らずむば呉人長く瞽ならむ。聞道《きくならく》、徳一菩薩は戒珠氷玉のごとく、智海泓澄《おうちょう》たり。斗藪《とそう》して京を離れ、錫を振って東に往く。始めて法幢を建てて衆生の耳目を開示し、大いに法螺《ほうら》を吹いて万類の仏種を発揮す。咨《ああ》、伽梵の慈月は水在れば影現す。薩埵《さつた》の同事は何れの趣《ところ》にか到らざらむ。

珍重、珍重。

空海、大唐に入って学習するところの秘蔵の法門は其の本末だ多からずして、広く流伝すること能はず。衆縁の力に乗じて書写し、弘揚《こうよう》せむと思欲《おも》ふ。所以《ゆえ》に弟子康守を差《つか》はして彼の境に馳《は》せ向はしむ。伏して乞ふ、彼の弘道を顧みて、助けて少願を遂げしめなば、幸甚、幸甚。

委曲は別に載す。嗟、雲樹長遠なり、誰か企望に堪へなむ。時に風雲に因って金玉を恵み及ぼされよ。謹みて状を奉る。

不宣《ふせん》。沙門空海状《しる》して上《たてまつ》る。

四月五日

陸州の徳一菩薩　宝前謹空

名香一裹《いっか》、物軽けれども誠重し。検至せば幸と為す。重空。

とある。これは、弟子康守を使者として丁重な書簡を弘仁八（八一七）年ごろに、徳一のもとに空海が送ったものである。時候の挨拶に続き、徳一のいわゆる東国下向への賛意を表しつつも、結果として空海は、自らが唐か

らもたらした自宗の発展のために必要な典籍の書写への協力を願っている。おそらく唐からこれももたらしたであろう「香」を挨拶の品に添えてである。もちろんこれに徳一がどのように対応したかは定かでない。この前後に徳一はこの書簡の往来を機としてか真言宗の教えを広めることの協力を願った空海に、『真言宗未決文』をまとめ一一の疑問を述べ真言宗の教学について、批判的な言動を展開していた。しかし、同じ平安仏教者であっても前述の『元亨釈書』第四慧解二之三徳一条に、[15]「嘗て本宗に依りて新疏を作りて、伝教大師を難破す」とあるように、最澄とは、全く正反対の過剰な程に論争（衆論）を展開した。いわゆる三一権実論争である。

三一権実論争とは、最澄がいう徳一のいだく法相宗の教学は、仏の説く教えに声聞・縁覚・菩薩の三乗の差別の存するのは衆生を導くための方便の教（権教《ごんきょう》：仮の教え）であって、「法華経」や「華厳経」による教えこそ真実には一乗に帰す真教であるとする。

結論的にいえば、この論争は、単に徳一と最澄の間だけのものではなく、天台宗と奈良仏教全体との間での論争を象徴するものであったといえよう。最澄にとっては、自宗の独立を内外に喧伝するための論争であり、極めて戦略上重要な論争であった。論争は、両者が、論書を執筆するという形を主として、徳一は「仏性抄」「中辺義鏡」「恵日羽足」「遮異見章」「法華肝心」などを執筆し、一方の最澄は東国伝道を開始した弘仁八（八一七）年から「照権実鏡」「天台法華義」「守護国界章」「決権実論」の執筆をもって対論した。[16]

両者の対論は、最澄が「法華秀句」を執筆した弘仁一二（八二一）年まで続いた。ちなみに最澄の側には、下野薬師寺（現、安国寺・栃木県下野市・真言宗智山派）を拠点とする唐僧鑑真の一番弟子といわれた道忠とその弟子集団が控えていていたという。両者の論争について、薗田香融氏は、奈良末期以来のうち続く征夷戦争の前線基地とされていた関東地方にあって、「五性格別」（声聞定性《しょうもんじょうしょう》・独覚定性《どっかくじょうしょう》・菩薩定性《ぼさつじょうしょう》・不定性《ふじょうしょう》・無《む》種性《しゅしょう》の五種に分けられた人々の宗教的な人格の相違）と「一切皆成」（人々の宗教的な人格には相違がなく、すべてが等しく成仏できるとする）をかけたもので、荒々しい自然と風土に取り囲まれ、律令制度の厳しい収奪にあえぐ関東の農民たちの目前で展開されたときに、特別に切実な意味を担ったであろうと指摘[17]している。

最澄にとっては、奈良仏教に対する非妥協的な精神と自己の教学の優越性を確信する機会であったろう。一方の徳一にとっては、たんに教学の仏教者ではなく、戦乱のために荒廃する人々を精神面で支えるべく、天台宗よりも厳しい実践論を提起し、天台の無限定な救済論ないしは実践性を、実践によって、たとえ五性格別という形での悟り階梯に優劣があるにせよ、悟りを得る可能性を説くためのものであったろう。

ただ、徳一にとっての悲劇性は、道昭・行基など奈良仏教の僧侶の実践性を継承し関東の人々に対峙するも、その後の南都仏教者ないしは南都仏教界から徳一の存在を継承する者がなく、その教学的な系譜が断絶し、ましてや徳一の行実なり教学を補強する仏教者が輩出しなかったことである。それでも、徳一の行実が、たとえ縁起や伝承にせよ、会津・いわき、さらには筑波で存在し続けてきたのはなぜであり、そのことの意味するものは何であろうか。

ちなみに南都仏教と天台宗との対論という図式は、その後、鎌倉期に西大寺律宗（本章では、便宜上、真言律宗とも称す）と比叡山を母体として親鸞が開いた浄土真宗との教線の競合を常陸国で展開するということで再現されたように思う。西大寺律宗は、大和西大寺（奈良市西大寺・真言宗西大寺派）、相模国鎌倉の極楽寺（神奈川県鎌倉市極楽寺・真言律宗）、同国金沢の称名寺（神奈川県横浜市金沢区金沢町・真言律宗）、そして筑波山の周辺に点在する三村山極楽寺（廃寺・つくば市小田）・般若寺（土浦市宍塚町・真言宗豊山派）を拠点として、浄土真宗は親鸞が流罪地佐渡より帰京の途次に教線の拡大を託した弟子の一人である性信房が建立した常陸国の報恩寺（茨城県常総市・浄土真宗大谷派）をはじめとする二十四輩寺院を拠点にして常陸国において経線を展開していったのである。西大寺律宗の教線は、開祖叡尊の弟子僧との関係があったとされる薬王寺（いわき市四倉町・真言宗智山派）の所在するいわき地方まで北上したとの指摘[18]がある。

筑波山の山麓に所在する東城寺（土浦市東城寺・真言宗豊山派）は、道忠とも関係のある最澄の弟子、最仙が

表2-1　奈良仏教者と地方

僧　名	生没年	関係地域	寺　院
勝　道	735〜817	下野	日光山輪王寺・中禅寺・薬師寺（下野）
泰　澄	682〜767	加賀・越前・美濃	平泉寺（越前）
法　道	生没年不詳	播磨・但馬・丹波	一乗寺（加西市）・清水寺（加東郡社町）
		摂津・能登	天平寺（加賀）
報　恩	？〜795	備前	子嶋寺（奈良県高取町観覚寺）
仁（人）聞	生没年不詳	豊前・豊後	弥勒寺・六郷満山（豊前）

（注）　生没年などの典拠は、地誌・各寺院の縁起や伝承によっているので、参考に供するものとした。

開創したとの寺伝があり、境内の一角には最仙の像が所在している。

四　徳一の記憶

〝徳一的〟な仏教者は、日本列島に日本の各地の寺院の開創や造像の伝承に残っている。それらを示したのが、表2-1である。これによると、奈良時代から平安時代に及んで各地の寺院を拠点として仏教を布教して活動した徳一と同様の仏教者の存在を知ることができる。歴史的には、今後の検討を必要とするものがあるが、徳一的な事例がことに奈良時代後期から平安時代の前期にかけて、古代の宗教史的現象として存在していたということである。このことは、徳一研究を一層進捗する観点から、ほかの地域の僧伝研究の成果を真摯に受け止め、それらの成果を積極的に援用することによって、常識的ではあるが、徳一の普遍性と固有性が解明できると思う。

徳一の行実を常陸・会津、いわきの地域に限定的に起こった宗教的な事例とすべきではないことは、表2-1の通りである。そして、徳一が寺院を開創したり本尊を作製・安置した寺院、いわゆる徳一関係寺院の所在を示したのが、章末の表2-2である。これによれば、現行の所在地名でいえば、茨城・栃木・群馬の関東三県と福島・宮城・山形の東北三県である。

写真 2-3　高松観音寺徳一墓

開創年代は、延暦年間（七八二〜八〇六）から弘仁年間（八一〇〜八二四）に及んでいる。ことに大同二（八〇七）年とするのが比較的に多いことがわかる。これについては、いわゆる坂上田村麻呂伝承との関係があるというが未詳である。

宗派としては、真言・天台・臨済・曹洞・浄土の各宗であり、日蓮と浄土真の両宗を見出すことができない。

こうした関係寺院の分布をめぐって行基（六六八〜七四九）などと対比することの意義を念頭に置きつつ、その宗教史的な意義に言及した森田悌氏の教学上での道照や行基と徳一の信仰的・教学的に結びつくとの指摘[19]は、中央の文化と地方の文化を結節する役割を担ったという徳一の新たな存在観を想起させる見解である。こうした指摘を裏づけるかのように、会津勝常寺の仏像群をめぐる中央の仏師を引率したか、ないしは在地の仏像技法に中央の仏像の技法を結節したかという美術史上の論議があり、これに通じる指摘でもあると思う。今後、仏教史と美術史とが競合（仏教美術史）しつつ、例えば勝常寺（福島県河沼郡湯川村・真言宗豊山派）の薬師如来像をはじめとする仏像群の一層の解析がまたれる所以である。

さらには、行基伝承のように普遍化できる仏教者の僧伝と徳一や報恩（?〜七九五）などのように地域性のある僧伝との対比は、

写真 2-4　徳一入定塚

宗教的・文化的な特性を推しはかるバロメータともしうる。時には両者が重層的なのか、ないしは両者は完全に住み分けをしているのかに着目するとどのようなことが浮かびあがってくるかを考えたい。例えば泰澄（六八二～七六七）、いわゆる越の泰澄は、近江地方での行基伝承との住み分けや共存がうかがえる。滋賀県湖北地方では、行基がある寺院を開創し、泰澄がそれを中興したとの縁起を見出すことができる。さらにはこうした寺院を天台宗の開祖最澄が寺容を整えたとの縁起が存在している。筑波山地域には、徳一が開創して空海が中興し、後世になって天台宗化した寺院（例えば石岡市吉生の西光院、桜川市西小塙の月山寺など）がある。そして、行基の場合と同様に徳一の墓所とするものが、福島県磐梯町の慧日寺（真言宗智山派）・同本宮市糠沢の観音寺（天台宗・写真2-3）、さらには、いわき市入東野（写真2-4）に所在している。

ちなみに徳一の彫像とするものも、福島県河沼郡湯川村の勝常寺（真言宗豊山派）、同耶麻郡西会津町如法寺（真言宗室生寺派）、同いわき市入東野の妙光寺（臨済宗妙心寺派）、さらには茨城県桜川市西小塙の月山寺（天台宗）などに現存している。

これらの徳一をめぐる記憶を辿ることが可能な素材は、むしろ筑波山より北側に位置している。そして、繰り返すようであるが会津・いわきの両地域を北限として、筑波山の地域が、まさに徳一をめぐる三角形をなす記憶の南限であるということである。

教学的・教理的な観点からの徳一研究ではなく、地域文化の特質を研究する観点から行われるべきであると思う。そのためには、最澄や空海との対論に終始するのではなく、道照や行基から、さらには奈良末期から平安初期の仏教史を語るうえで重要な東大寺良弁、興福寺・秋篠寺の善珠との関連を念頭に置いて、徳一が奈良の寺々で修行し何を継承し、どのようなことを会津やいわき、そして、常陸（筑波）にもたらしたかの観点をもって徳一研究を一層進捗すべきであると思う。

むすびにかえて

徳一の記憶を現代にいたるまでとどめている常陸国および筑波山周辺の文化史的・宗教史的世界を展望し、その歴史的な位置づけを行ううえで、傾聴すべき指摘を内山純子氏が行っている[20]。筑波山をめぐる信仰（筑波山信仰）について、内山氏は、常陸では、役行者の跡という八溝山から鷲子山・鶏足山・雨巻山にいたる下野国境の山系から加波山・筑波山にわたる嶺々、さらにそれらを妙見山に分かれて堅割山・石尊山・高鈴山にいたる多賀の嶺々には、古代の山林修行に踏まえた修験道があったと述べている。筑波山には、徳一以来の古い伝統がありながら近世を通じて、ほかの山に見られるような山岳信仰が民衆に浸透しなかったとしている。その理由として、筑波山の拠点である別当寺知足院が江戸幕府の祈願所的な性格が強く、財源が確保されており、いわゆる財源確保のための布教に意欲的でなく、民衆信仰として展開することがなかったこと、古代以来、富士山より人々が親しみやすく、遠山的な性格が強く、純粋な信仰のみで筑波山に登山することが少なかったことなどを指摘している。こうしたことは、明治初年の神仏分離以後の筑波山神社をめぐる信仰にも影響を与えているとしている。筑波山は信仰の〝やま〟という求心力を持つ山ではなく、人々が日常的に仰ぎ見る山であり、時には散策の場であったということであろうか。

だが、前述のように奈良時代後期から平安時代の初期にかけて、徳一と同様な仏教者が、北陸地方の泰澄、日光地方の勝道（七三五〜八一七）、宇佐地方の仁聞（生没年不詳）などのように、日本の各地の寺院の開創や本尊など造像の伝承に名を残すこととなったことも忘れるべきではない。徳一の存在が、特異な事例ではなく同様の仏教者の一群が奈良時代から平安時代にいたる〝時間帯〟の日本の各地に、その足跡を残しているということにも留意しておきたい。このことは、徳一研究を一層進捗するためには、泰澄などの僧伝研究の成果を真摯に受け止め、それらの成果を積極的に援用することによって、常識的ではあるが、徳一の普遍性と固有性が一層、解明できるという予感があるということである。

しかし、こうした歴史の世界に位置し続けてきた徳一に関わる寺院や仏像などの文化財は、多くの困難な状況に置かれているのが現実である。伝承・縁起に基づいた徳一像の解明を企図する熟稿は、いましばらくの時間をもって、会津・いわき、さらには筑波山周辺に所在する寺々や関係する地を実踏したうえでのこととさせていただきたい。

【注】

（1）『続紀』和銅二年九月己卯条（新訂増補国史大系、三九〜四〇頁）
（2）「常陸国風土記」筑波郡条（『風土記』日本古典文学大系二、三九〜四三頁）
（3）『日本書紀』皇極天皇三年秋七月条（新訂増補国史大系、二〇五〜二〇六頁）
（4）下出積與『日本古代の神祇と道教』（吉川弘文館、一九七二年）参照。

(5)『元亨釈書』第四慧解二之三徳一条（新訂増補国史大系、七三頁）
(6)『南都高僧伝』徳一菩薩条（大日本仏教全書史伝部巻一〇一、五一九頁下段）
(7)『尊卑分脈』第二巻武智麻呂公孫条（新訂増補国史大系、四一六～四一八頁）
(8)『続紀』天平勝宝四年閏三月丙辰条（新訂増補国史大系、二一二頁）
(9) 同右、天平宝字八年九月壬子条（前掲書、三〇六頁）
(10) 同右、宝亀三年四月壬戌条（前掲書、四〇二頁）
(11) 同右、延暦十年七月発亥条（前掲書、五五四頁）
(12)『日本後紀』大同元年四月丙辰条（新訂増補国史大系、五七～五八頁）
(13)『元亨釈書』第九感進一玄賓条（前掲書、一三七頁）
(14) 玄賓については、小林崇仁「玄賓法師の生涯―嵯峨天皇よりの殊遇を中心に―」（『智山学報』五四、二〇〇五年）、原田信之「岡山県新見市の玄賓僧都伝説」（『新見公立短期大学紀要』二八、二〇〇七年）参照。
(15)「高野雑筆集」徳一宛書状（弘法大師空海全集第七巻、一一～一五頁）
(16) 島地大等「徳一の教学に就いて」（『教理と史論』、一九三一年）および浅田正博「最澄と徳一の論争」（『シリーズ・東アジア仏教』四　日本仏教論、一九九五年）・「徳一との法華権実論争」（『山家の大師最澄』、二〇〇四年）参照。
(17) 薗田香融「最澄とその思想」（『最澄』日本思想大系四、一九七四年）
(18) 佐藤孝徳氏のご示教による。
(19) 森田悌「徳一とその仏教」（『日本古代の人と文化』、一九九三年）。ほかに小林崇仁「東国における徳一の足跡について―遊行僧としての徳一―」（『智山学報』四九、二〇〇〇年）・「東国における徳一の足跡について―徳一関係寺院の整理と諸問題の指―」（『大正大学大学院研究論集』二四、二〇〇〇年）・「古代における山林修行―徳一・勝道・空海における斗藪を通じて―」（『密教学報』三三、二〇〇一年）、および高橋富雄『徳一と最澄』（中央公論社、一九九〇年）・『徳一菩薩』（歴春ふくしま文庫五二、二〇〇〇年）・『徳一菩薩』第二集（歴春ふくしま文庫、二〇〇一年）・『合本徳一道』（高橋富雄東北学論集第四部　地方からの日本学第一八集 思想宗教、歴史春秋社、二〇〇六年）・田村晃祐『徳一論叢』（国書刊行会、一九八六年）を参照。
(20) 内山純子『東国における仏教諸宗派の展開』（そしえて、一九九〇年）

【付記】引用史料については、『元亨釈書』『日本書紀』『続日本紀』は新訂増補国史大系、『万葉集』『風土記』は日本古典文学大系によった。さらに「高野雑筆集」は、『弘法大師空海全集』によった。訓読に当たっては、日本古典文学大系・新日本古典文学大系を参照した。

なお、表2-2「徳一伝承社表」の作成に当たっては、埜渡真樹子氏のご助力をいただいた。

表 2-2　徳一伝承寺社表

県	寺院名	場　所	現行町名	宗　派	開創年代など	備　考	補　足
茨城	西光院	八郷町	石岡市吉生	天台宗	大同年間(806〜810)	中世に真言、後に天台	
	東耀寺	石岡市	石岡市若宮一丁目	天台宗	養老5(721)年、舎人親王開基	一説に徳一開基、中世に一時真言化、広大寺(古称)、寛永寺末	
	愛宕神社	岩間町	笠間市泉		大同元(806)年	別当は密蔵院	日本三大火防
	養福寺	友部町	笠間市大田町	天台宗	宝亀8(777)年	弘仁3(812)年、円仁が本堂・山門建立	北山不動尊
	東性寺	笠間市	笠間市手越	真言宗豊山派	大同2(807)年		
	月山寺	岩瀬町	桜川市西小塙	天台宗	延暦15(796)年	天台改宗は永享2(1430)年、光栄による	
	薬王院	真壁町	桜川市真壁町椎尾	天台宗	延暦元(782)年、最仙が法相の寺として開創	一説に徳一開創、延暦20(801)年最澄により天台化、天長2(825)年、円仁再興	
	祥光寺	大和村	桜川市本木	臨済宗建長寺派			
	大御堂	つくば市	つくば市筑波	真言宗豊山派	延暦年間(782〜806)、天長年間(824〜834)	徳一没後真言化	中禅寺跡
	清滝寺	新治村	土浦市小野	真言宗豊山派	大同年間(806〜810)		
	壁面観世音	桂村	東茨城郡城里町孫根			徳一作十一面観音磨崖像	
	佐竹寺	常陸太田市	常陸太田市天神林町	真言宗豊山派	大同2(807)年	真言改宗は文永6(1269)年	
	千手観音堂	北茨城市	北茨城市中郷町粟野			徳一作千手観音・粟野千手観音・医王寺	寺伝では日棚村堂平(中郷町日棚)にあったものを移すと伝える
群馬	西光寺	前橋市	前橋市上佐鳥町	天台宗	弘仁年間(810〜824)	天台化は応安年間(1368〜1375)以降	境内に春日社勧請・興福寺領
栃木	正福寺	那須町	那須郡那須町伊王野	真言宗智山派	弘仁4(813)年	寛政年間(1789〜1801)までには真言化	
	観音寺	矢板市	矢板市長井	真言宗智山派	神亀元(724)年、行基開創	大同元(806)年、徳一再興	本尊十一面観音
福島	明光寺	会津若松市	会津若松市門田町御山館ノ内	天台宗		一説に延元元(1336)年草創	
	相応寺	大玉村	安達郡大玉村玉井南町	真言宗	大同2(807)年	永正年間(1504〜1521)真言化	
	薬王寺	石川町	石川郡石川町大室	真言宗			

表 2-2　徳一伝承寺社表（続き）

県	寺院名	場　所	現行町名	宗　派	開創年代など	備　考	補　足
福島	東福寺	玉川村	石川郡玉川村南須釜久保宿	真言宗	弘仁年間(810～824)	文安3(1446)年、宥光中興	
	真福寺	いわき市	いわき市江名天ヶ作	真言宗		薬師像は大同元(806)年徳一作	
	禅長寺	いわき市	いわき市小名浜林城大門	臨済宗	大同2(807)年	寒巌義尹(1217～1300)が中興(曹洞)臨済化の時期は不明	
	妙光寺	いわき市	いわき市遠野町深山田字与の代	臨済宗	大同2(807)年	徳一開山、徳一像蔵	
	観音寺	いわき市	いわき市三和町下市萱片岸	浄土宗		慶長2(1597)年、清栄再興	
	恵日寺	いわき市	いわき市四倉町玉山牧ノ下	真言宗	弘仁年間(810～824)	永徳年間(1381～1384)再興し真言化	
	長谷寺	いわき市	いわき市常磐上湯長谷町堀ノ内	曹洞宗	大同2(807)年	天文年間(1532～1555)曹洞宗改宗、徳一作本尊十一面観音	
	龍勝寺	いわき市	いわき市常磐白鳥町勝丘	臨済宗	大同2(807)年	臨済化は観応元(1350)年ごろ	旧名白鳥寺《しらとりでら》
	法海寺	いわき市	いわき市常磐藤原町田場坂	真言宗	大同2(807)年	湯岳観音堂(十一面観音堂)	湯岳観音堂の別当寺
	忠教寺	いわき市	いわき市平四ツ波石森	臨済宗		境外の石森観音堂は徳一開基. 文禄年間(1592～1596)臨済化	
	高蔵寺	いわき市	いわき市高倉町鶴巻	真言宗智山派			
	入遠野村	字入定	いわき市遠野町入遠野久保目			伝徳一墓所在	
	円通寺	いわき市	いわき市遠野町上遠野根小屋	真言宗智山派	大同2(807)年	永享12(1440)年、宥徳により再興	
	松山寺	いわき市	いわき市勿来町関田寺下	真言宗智山派	大同2(807)年		
	波立寺《はりゅうじ》	いわき市	いわき市久ノ浜町田之網横内	臨済宗	大同年間(806～810)	波立薬師堂《はったちやくしどう》・磐城三薬師	
	常福寺	いわき市	いわき市平赤赤井岳		大同年間(806～810)、現在地に移す	天平6(734)年、源観開基	閼迦井岳薬師・磐城三薬師
	賢沼寺	いわき市	いわき市平沼ノ内代ノ下	真言宗	(大同2(807)年)		
	八茎寺	いわき市	いわき市四倉町八茎片倉	真言宗智山派	大同元(806)年または2(807)年あるいは仁寿年間(851～854)の初期	八茎薬師・磐城三薬師	
	薬王寺	いわき市	いわき市四倉町薬王寺塙	真言宗	仁寿年間(851～854)の初期	鎌倉中期は西大寺流律宗	

表2-2　徳一伝承寺社表（続き）

県	寺院名	場　所	現行町名	宗　派	開創年代など	備　考	補　足
福島	密蔵院	いわき市	いわき市平沼ノ内代ノ下	真言宗	大同年間(806～810)		
	法用寺	会津高田町	大沼郡会津三里町雀林三番山下	天台宗	養老4(720)年、得道開基	徳一再興	
	高野寺跡	三島町	大沼郡三島町間方入間方	真言宗	大同2(807)年		三島町大石田には大高寺、鳥海の源道寺などが大同～弘仁の開創と伝えるが定かではない
	大高寺	三島町	大沼郡三島町大石田	真言宗	大同2(807)年		
	正徳寺	会津坂下町	河沼郡会津坂下町青木	浄土宗	大同年間(806～810)、当初聖徳寺	天文年間(1532～1555)浄土化	
	恵隆寺(立木観音)	会津坂下町	河沼郡会津坂下町塔寺松原	真言宗	6世紀ごろ青岩(梁の人)開基、焼失後、徳一が現在地に再建	空海作千手観音、一説に大同年間(806～810)田村麻呂が空海を請じて開創	
	円蔵寺	柳津町	河沼郡柳津町柳津寺家町甲	臨済宗	大同2(807)年	至徳年間(1384～1387)臨済化	
	虚空蔵堂	柳津町	河沼郡柳津町柳津寺家町甲		大同2(807)年	徳一加持による徳一清水あり	
	奥之院弁天堂	柳津町	河沼郡柳津町柳津門前町甲	臨済宗	大同2(807)年	至徳年間(1384～1387)臨済化	円蔵寺の一堂として建立.現在は別宗教法人
	勝常寺	湯川村	河沼郡湯川村勝常代舞	真言宗	弘仁元(810)年、徳一継承	大同年間(806～810)空海開基、本尊薬師は徳一作	
	飯豊山		喜多方市山都町一ノ木(山頂付近住所)			役行者開創、徳一・空海中興	山形・新潟・福島にまたがるが、山頂付近は福島県喜多方市
	白山寺	須賀川市	須賀川市上小山田古寺	天台宗	養老7(723)年、円海・満海	徳一により札所化	
	満福寺	小野町	田村郡小野町小戸神日向	浄土宗	大同2(807)年	坂上田村麻呂伝説あり	
	高木神社	三春町	田村郡三春町実沢宮脇		大同年間(806～810)田村麻呂発願徳一創建	旧称実沢帝釈天	
	竜泉寺	船引町	田村市船引町新舘	曹洞宗		徳一開基の薬師堂	
	円東寺	安達町	二本松市渋川下原	真言宗			
	安養寺薬師堂	福島市	福島市大笹生安養寺			徳一作破損仏(17体)	

表2-2　徳一伝承寺社表（続き）

県	寺院名	場　所	現行町名	宗　派	開創年代など	備　考	補　足
福島	清水寺《せいすいじ》	浪江町	双葉郡浪江町小野田清水	真言宗		坂上田村麻呂創建、徳一開基	
	仲禅寺	浪江町	双葉郡浪江町高瀬丈六	真言宗	大同2（807）年	天文15（1546）年、宗真中興、元曹洞宗	昭和23（1948）年ごろまでは双葉町寺沢に所在
	藤橋村（藤橋不動尊）	浪江町	双葉郡浪江町藤橋山居前			伝徳一あるいは慈覚作不動尊像	
	成法寺	只見町	南会津郡只見町梁取	曹洞宗	承和年間（834～848）のころ、徳一の道場、一説に空海	天寧寺仁庵仁恕が中興開山	
	塩崎岩屋堂観音	鹿島町	南相馬市鹿島区塩崎岩屋堂		大同2（807）年	徳一造千手観音ほか九尊	
	泉沢	小高町	南相馬市小高区泉沢			徳一作石仏（薬師・阿弥陀・観音）	
	大悲山磨崖仏	小高町	南相馬市小高区泉沢		大同2（807）年、徳一作		
	慈徳寺	小高町	南相馬市小高区薬師前	真言宗	大同年間（806～810）		泉沢薬師堂を管理
	東光院（泉観音堂）	原町市	南相馬市原町区泉寺家前			徳一作十一面観音像	東光院は泉観音堂の別当寺（真言宗）．慈徳寺が管理していたが、現在は仲町の金性寺が兼帯
	観音寺	白沢村	本宮市糠沢高松	天台宗	大同2（807）年	明和3（1776）年、真言から天台へ	高松山廃寺（観音寺）
	正福寺	猪苗代町	耶麻郡猪苗代町関都都沢	真言宗		六地蔵中尊は徳一作	
	如法寺	西会津町	耶麻郡西会津町野沢字如法寺乙	真言宗	大同元（806）年または2（807）年	一説に空海開基、鳥追観音、徳一像蔵	
	慧日寺	磐梯町	耶麻郡磐梯町磐梯寺西	真言宗	大同元（806）年		
	宇内薬師堂	会津坂下町	河沼郡会津坂下町大上村北甲		大同2（807）年	調合寺（廃寺）の一堂	
	光泉寺	柳津町	河沼郡柳津町大柳北原甲	浄土宗		徳一作六地蔵、寛文年間（1661～1673）再興	
	常月寺（常円寺か）	郡山市	郡山市熱海町高玉南梨子平	曹洞宗		徳一作虚空蔵像	常月寺に該当する寺院がなかったので、徳一作虚空蔵像を所蔵する常円寺を記載

表2-2　徳一伝承寺社表（続き）

県	寺院名	場　所	現行町名	宗　派	開創年代など	備　考	補　足
福島	竜沢寺跡	石川町	石川郡石川町谷沢堀ノ内	真言宗	大同年間(806〜810)	真言化は近世以前	
	旭田寺《ぎょくでんじ》(中ノ沢観音堂)	下郷町	南会津郡下里町中妻観音前	真言宗		観音堂(廃寺正光寺〈真言〉のもの)徳一開基	
	薬師堂	安達町	二本松市上川崎			徳一作如来像(薬師？)	
	正法寺	二本松市	二本松市正法寺町	曹洞宗		徳一作釈迦像	
	観音堂(白津観音堂)	福島市	福島市桜本白津			十一面観音、文明13(1481)年再興	別当寺東源寺は曹洞宗. 信達三十三観音七番札所
	大蔵寺(小倉寺観音)	福島市	福島市小倉寺拾石	臨済宗	行基、舟岡開基、一説徳一	元弘年中(1331〜1334)北畠顕家再興	
	勝善寺	西会津町	耶麻郡西会津町宝坂宝川乙	真言宗	大同2(807)年		
	観音堂(新在家観音堂)	猪苗代町	耶麻郡猪苗代町三ツ和新在家			徳一作地蔵・不動像	
	成明寺	猪苗代町	耶麻郡猪苗代町西舘	天台宗		もと真言宗、徳一作本尊延命地蔵	成明寺は一説に成楽寺. かつて西舘集落西部にあった. 本尊は現在八幡神社内地蔵堂に安置
宮城	双林寺	築館町	栗原市築館薬師台	曹洞宗	最澄開基	地蔵像の手法が勝常寺地蔵像(伝徳一作)に似る	
	高蔵寺	角田市	角田市高倉寺前	真言宗	弘仁10(819)年		
	長承寺	中田町	登米市中田町上沼大泉門畑	曹洞宗	弘仁元(810)年、円仁開基	徳一作子安地蔵、文禄元(1592)年曹洞化	旧名観音寺、長承元(1132)年長承寺と改名
山形	大聖寺	高畠町	東置賜郡高畠町亀岡	真言宗	亀岡文殊堂は大同2(807)年、開基	徳一作賓頭盧尊者	
	和光院	高畠町	東置賜郡高畠町元和田	真言宗	大同元(806)年		
	幸徳院(笹野観音)	米沢市	米沢市笹野本町	真言宗	大同元(806)年	永正年間(1504〜1521)宥日を招請し千手観音安置	

（注）　内山純子『東国における仏教諸宗派の展開』（そしえて、1990年）、および追塩千尋「徳一伝説の意義」（『東北仏教の世界』、2005年）に基づき加筆・作成した。

第三章

祇園祭にみる境界の観念

徳丸亞木・前川智子

はじめに

つくば市の農村部各集落では、夏期の祇園祭が盛んに行われている。祇園信仰は、本来、祇園精舎の守護仏、牛頭《ごず》天王・馬頭《めず》天王に対する信仰に基づき[1]、現在でもテンノウサン（天王様）と呼ばれることが多い。日本では、外部から訪れ共同体に脅威をなす御霊信仰と結びつき、集落神社としての祇園社は、氏神型信仰[2]・人神型信仰[3]の両面を併せ持つ。祇園社は、明治以降、神仏の混交が禁止されるのに伴い、八坂神社と改称された。祇園祭とは、祇園社や八坂神社など、御霊信仰に関わる神社で夏期に行われる共同体単位の鎮送儀礼である。集落内に進入する悪疫を引き起こす怨霊や悪霊などを祀り鎮め、集落の境界外に送り出す意味を有し、壮麗な山車や、賑やかな囃子など風流系祭礼・芸能の特徴を伴うことが多い。

つくば市域で編さんされた自治体史、民俗調査報告書から祇園祭に関わる事例を確認すると、その多くは旧暦の六月から七月にかけて行われている。例えば、魔除けとして、にんにくが売られることで有名な玉取一の矢八坂神社の「にんにく祭り」も、旧暦六月七日に行われる祇園祭の一つであり、災いや悪疫を門口に吊るしたにんにくの臭気で祓おうとする意図を持つ行事である。

筆者はここ数年、茨城県下や土浦市、つくば市域のさまざまな共同体行事の観察調査を継続し、その過程で、いくつかの地域の祇園祭の観察調査を行って来た。つくば市各地区の祇園祭も、先に述べたような夏期の鎮送儀礼としての性質を示す。特徴的であるのは、集落の外部へ悪疫などを鎮め送る過程が、境界での二つの要素の対抗儀礼として示される例が見られる点である。本章では、とくに神輿と大獅子とが境界でせめぎ合うつくば市小田の八坂神社祇園祭礼を例として、その対抗儀礼に示される境界のあり方を論ずるとともに、神輿と神馬とが対抗する行方市麻生の八坂神社の祇園祭礼である「馬出し祭」との比較を通して、鎮送儀礼としての祇園祭の特徴

を論じ、さらに現代の祇園祭のありかたについて、つくば市吉沼の祇園祭を例として論ずることとする。(4)

一　つくば市小田八坂神社祇園祭礼にみる境界の観念

（一）　小田八坂神社祇園祭の由来

小田の祇園祭は、夏期に集落内東部地区、中部地区の境界で神輿と二頭の大獅子（写真3-1）が囃子の音に合わせてせめぎ合う特徴ある祭礼である。小田八坂神社は、京都八坂神社の別社とされ牛頭天王像を神体とし、東部地区に位置する本殿の建立は慶安四（一六五一）年とされる。

筆者が観察した平成二一（二〇〇九）年には七月一八日（第三土曜日）に祭礼が行われたが、これは平成七（一九九五）年以降のことであり、かつては旧暦の七月二〇日に行われていた。小田大獅子保存会が作製した冊子『小田東部八坂神社祇園祭の由来』によると、統示《とうじ》を七カ所に飾るのが六月一四日であり、七月一四日に天王様の御霊を移した神輿を御仮屋に移動させたが、後に本殿から拝殿への移動に簡略化された。現在、東部地区は五組に分かれ、各組が一年交替で当前組をつとめ、祇園祭を主催する。二軒の当屋は世話人総代がつとめ、祇園祭の最終日の翌日、翌年の当屋に祭り道具類を渡す当渡しである「御堂受け」（座習し）を行う。大獅子に関わる祭礼は小田大獅子保存会が主管するが、これは、小田中部の青年が結成した会であり、おもな活動は大獅子のための囃子の演奏である。また、毎年行われる祇園祭のための大獅子の制作とその巡行も担当している。昭和五〇（一九七五）年には、御神輿囃子《ごじんこばやし》を伝承するために、囃子保存会が結成されている。囃子保存会は当前に協力して祇園祭を執行し、途絶えていた御神馬に代わり、平成八（一九九六）年からは「欧過《おおすぎ》囃子」を演奏しながら、神輿の露払いを行っている。

写真 3-1　小田八坂神社祇園祭の大獅子

祭礼の始まりについては、土浦藩藩主である土屋相模守が、武運長久祈願の目的で神輿を寄進したことによるとされる。小田の祇園祭に大獅子が取り入れられた経緯は不明である。大獅子そのものは、文政年間（一八二〇年代）に中部地区の八幡神社へ寄進されたものとされ、具体的な祭礼の過程は不明ながらも、藩政期には大獅子が祭礼に現れていたものと考えられる。大獅子保存会では、小田城主である小田氏治の決勝祝いのために、人々が大獅子を作成したと伝える。古い獅子頭を納めた木箱に土浦からの寄進の経緯が記されているが、江戸時代後期には、東部（大町）、中部、西部、北太田集落で祭礼が行われていたことが知られる。現在では、大獅子は、東中部の公民館で準備、解体され、中部地区の八坂神社から出立した神輿が、東部地区と中部地区との境界で、ぶつかり合い顔合わせを行う。当初、大獅子は、神輿が御幸する際の露払いとしての役割を負っていたと伝えられており、この点からすれば、現在見られるような集落境界での神輿と獅子との対抗儀礼は、祭礼の風流化の結果であるとも考えられる。

祇園祭に大獅子が現れるのは、小田だけではなく、つくば市北条の祇園祭においても見られる（写真3-2）。ただし、北条の場合は、小田ほどには大規模なものではなく、神輿とは別に町内をめぐる山車の一つとされており、神輿とのせめぎ合いも小田ほど

写真 3-2　北条祇園祭の大獅子（三角神輿）

明確には行われない。獅子は魔や災いを祓う力を持つ霊的な動物であり、その性質は正月や祭礼での獅子舞にも示される。(5) つくば市域では、旧豊里町田倉の三匹獅子が著名であるが、これは、三匹の獅子頭が「おかざきの舞」をはじめに、「雌獅子の舞」「雄獅子の舞」「子獅子の舞」を舞い、「ぼんてんとり」で雄獅子が魔を退治するものである。小田城主の家臣であった旧大穂町吉沼の大塚豊後守が農民に被害を与えていた獅子を射止めたことにちなむとされ、吉沼の薬師堂の由来と小田城主との関連も語られる。(6) この伝承が、史実を示すものか、当時の人々の民俗的歴史観に基づくものかは明らかにできないが、獅子舞を演ずることが、集落に災いをなす獅子が小田家に関わる地域の文化英雄によって殺害された時間に回帰する意味を有していたことがうかがわれる。(7)(8)

ここで留意されるのは、小田の祇園祭において大獅子と神輿との顔合わせ後、神輿を神社へ還御する際に御神輿囃子を奏でる理由が、大蛇退治で荒んだ天王様を鎮め、鎮守様や作神様として集落を鎮護することを願うためであると伝えられている点である。大獅子は、大蛇とされ、天王様はそれを退治し鎮める存在として認識されていたことがこの伝承からうかがわれる。

現在の大獅子の胴体は竹を縄で組んだものであり、その上に大きな布が掛けられている。獅子の所作に合わせて、胴体には空気

写真 3-3　獅子頭に赤子を噛ませる

が送られ、大きく布が膨らみ、あたかも生きているような動きとなる。胴体の左右には綱が渡され、この左右に十数名がついて獅子を引く。獅子の方向を変える際には、後部の木組みを引き回す。

（二）小田八坂神社祇園祭の流れ

続いて祇園祭の流れを、大獅子の出立、神輿との顔合わせ、大獅子の解体を中心に記す。午後六時ごろ、手車の囃子に合わせて、東部地区の広場へ向かって、「わっせい、よいしょ」の掛け声で、大獅子を引いていく。獅子の頭を持ち上げ、下に二メートルほどの竹の支えを入れ、脚立を立てて獅子の頭が起きた状態にしておく。

獅子の前には、家族連れが集まり、赤子を連れてきて頭を噛ませる（写真3-3）。獅子舞を行う地域においては一般的に見られる所作であるが、霊獣である獅子の力で悪しきものを祓い、活力を与える意味があると考えられる。少しの休止の後、夕暮れも近づき、獅子頭を竹で持ち上げ、広場を出発する。道の途中の休み場では、獅子を止め、頭を大きく持ち上げ竹で支える。

写真 3-4　引き回される大獅子

獅子を進める際には、大きな弊束を持った者がその先頭に立ち、獅子を導く役割を行う。また、獅子前面の前垂れを大きくはためかせる。最後尾についた二名が獅子の後部を動かすのに合わせて、左右についた者たちは獅子を引き回す方向を決める。獅子を休ませる際には、獅子頭を大きく二度ほど上下させ、後部の布に空気を送り込んで膨らませる所作を行う。獅子頭の下には、先が二股になった竹竿を持った若者が数名つき、竹竿で獅子頭周囲の木組みを押さえて、獅子頭を上下させる（写真3-4）。獅子の前面で手車は止まり、若者二名が太鼓を威勢よく演奏する。この間、手車の提灯が雨に濡れないように、カバーの状態や、提灯がすべて点灯するかを確認する。

再び獅子は進みはじめ、時折、「上げろ上げろー」の掛け声で、獅子頭が高く掲げられる（写真3-5）。また獅子頭の上下に合わせて、後部の布に空気を送り、大きく膨らませる。東部地区の休み場に着いた際にも、獅子頭を上下させ、胴体を空気で膨らませる。休み場では三名の若者たちが太鼓の演奏を続ける。休み場には、モク（神藻、水草）と幣束が飾られた古い獅子頭が置かれ、参拝し賽銭を上げる者も多い。また、水草であるモクは、鬼怒川支流の江川や田川で採取し、天日干しをして乾燥したものである。モクは、神聖な魔除けとして、参拝者に渡される。

中部地区では、八坂神社で御霊入れを行った神輿が、区内を巡回し

写真 3-5　大獅子を立たせる

ている。最後の神輿との顔合わせでは、長い竹竿を使って、さらに高く掲げる。竹竿を木にしたこともあるが、重いため、落とした際に割れてしまったこともある。

夜も更け、八時を過ぎると、再び大獅子は出立する。トントコ、トントコという急テンポの太鼓に合わせて獅子組の者たちが集まりはじめ、竹竿で獅子頭を支え、一度地面に降ろした後、三度、大きく上げ下げし、最後に獅子を高く立たせて左右に振り回す。掛け声、歓声が上がり、勇壮な雰囲気となる。「わっせい、わっせい」の掛け声で獅子は、区の境に向かって進んでいく。獅子頭はたびたび、高く掲げられ、左右に大きく揺すられる。高く掲げられた獅子頭を地面に降ろしては、再び掲げる所作を三回行うことを繰り返す。しばらく進んだところで、獅子を再び立てて休ませる。

獅子頭を三度上下させ、再び出立する。周囲には多くの観客が集まり、獅子の勇壮な動きを楽しんでいる。獅子のまわりには、年長の者たちが提灯を持って立ち、警護に当たる。

区の境で、神輿との顔合わせが始まる。獅子は高く頭を掲げ、神輿は先頭を高く掲げて、ほとんど倒立した状態となる。獅子と神輿のせめぎ合いで、騒乱状態となるが、しばらくもみ合った後に、獅子も神輿もそれぞれの区の方向に下がっていく。

境から二百メートルほどの休み場まで下がった大獅子は、再び

写真 3-6　大獅子と神輿の顔合わせ

高く掲げられ休憩がとられる。その後、また掲げられ、左右に大きく蛇行しながら徐々に境に近づいてくる。獅子は暗闇の中でライトアップされ、生き物のように動き回る。獅子が先に境に着くと、間をおかずに神輿が曲がり道から姿を表す。神輿は頭上に掲げられ、獅子も大きく揺り動かされる。神輿と獅子とが相対してもみ合うような所作が喧噪の中で繰り返される。やがて神輿はその全部がさらに高く掲げられ、ほとんど倒立した状態となる。担ぎ手は神輿の後部のみに手を掛け、縦になった神輿を左右に動かす(写真3-6)。神輿の下に当たる部分を大獅子の方向に向けて、大獅子が中部地区の境に入ってこないようにする。やがて獅子は掲げた頭を下に落とし、その後、神輿も水平に下げられて、道の曲がり角付近で頭上に掲げられて半時計まわりに回される。

また、時折、神輿の前部を高く掲げるなどを繰り返しながら奥に引き返す。

大獅子は道の奥で頭を上げ、胴体を膨らませながら、左右に動き、再び境に向かう機会をうかがう。囃子が続き、観客は次の顔合わせを待つ。獅子と神輿が再び境で顔合わせを行い、せめぎ合う。高く掲げられ、上下、左右にうごめく獅子に対し、神輿は左右に動いたり、上下に担ぎ上げられて回される。頭を下げた獅子はもとの道を引き返し、神輿も再び下がる。そして、最後の顔合

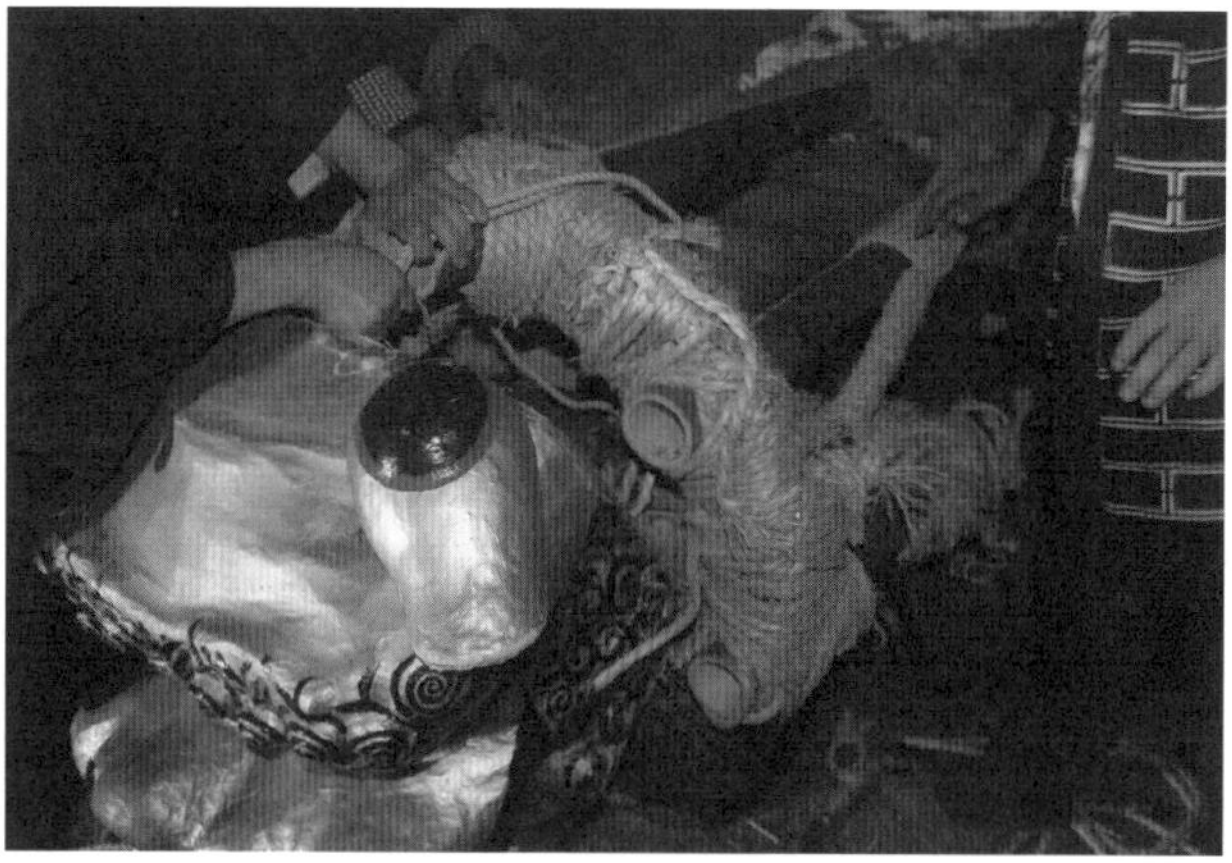

写真 3-7　大獅子の解体

わせとなり、獅子と神輿が再び激しくせめぎ合う。獅子と神輿の周辺には多くの提灯が掲げられ、獅子組と観客の熱気も最高潮となる。獅子が掲げられたまま立てられ、台座が置かれ、神輿が据えられ、拍手となり、手打ちが行われる。

顔合わせが終わった後、獅子は、もとの道を戻っていくが、その際には囃子は行われない。中部地区公民館[9]の前に獅子は運ばれ、そこで一度高く掲げられた後、地面に降ろされ、その場で速やかに解体される[10]（写真3-7）。大獅子の頭髪にみたてたモク（神藻）は、地区の人々に分配される。休み場である小田中部公民館の前には、祭礼の当日、古い獅子頭が飾られる。そこへの参拝者にもモクは配布されるが、大獅子の頭に用いられたモクはとくに魔除けの呪力が強いとされる。

顔合わせの後、神輿は、御神輿囃子の中、神社へと還御する。『小田東部八坂神社祇園祭の由来』によれば、参道の十字路を過ぎると遅過《のろすぎ》囃子から双《ふた》ツ囃子へ、神社に近づくと欧過囃子へと囃子を変え、神輿が鳥居をくぐると、神官を御神楽で迎え、祭神が本殿に納まるまで欧過囃子が続き、神輿の解体の後、散切太鼓となるとされる。囃子の終了後、御神酒上げを行い、手締めとなる。

（三）　鎮送儀礼としての小田祇園祭

本祭礼は、夏期に行われる祇園祭であり、集落から災いをなすものを追い祓う鎮送儀礼としての意味を有するものと思われる。特徴としては、大獅子と神輿が地区の境でせめぎ合う点にある。八坂神社御祭神のやどる神輿と、大獅子とが区の境においてぶつかり合うことにより、夏期の災いをなす霊を集落の外へと追い祓う意味を有するものと思われる。大獅子は、恐ろしい姿と強力な力で災厄を駆逐する神聖なる獣であり、本来は、神輿の渡御に際しての露払いであったと思われるが、祭礼の風流化とともに、その構造が大規模化し、天王様に対抗し破れ祓われる災厄としての大蛇のイメージも、そこに付帯されたものと思われる。祭礼の終了後、延寿院境内で獅子組の手により速やかに解体される点には、威力ある霊的存在を祭礼の終了時点で速やかにこの世界から神霊の世界へと帰らせようとする、神送りに関わる思考が示されている。また、獅子頭に、水草であるモクが飾られ、このモクは、参拝者に魔除けとして配布され、また家々に下げられた提灯の下部にもモクが下げられる点にも、この祭礼の特徴が見られる。大獅子にはモクを通じて水界から神聖な力が宿り、またモクを家々の提灯に下げることにより集落全体を神聖な場とし、さらには参詣者がその力を受けようとする思考が見られるものと思われる。

今一点、留意されるのは、小田八坂神社では、かつて祇園祭の露払いのために御神馬を養っていた点である。『小田東部八坂神社祇園祭の由来』によれば、御神馬が飼われていた当時は、二〇日の祇園祭当日に馬の鬣を結い上げ、背に弊束をたてた鞍を着け、紅白の手綱で御神馬を神前まで引いていき、その後、御神馬は神前で御祓いを受け、御神楽に合わせて神社のまわりを三回回らせた。次に御神馬が神前から露払いに駆け出し、ホラ貝の音とともに天王様が神社から各氏子宅へ御幸されたという。氏子宅では、まず幣束で御払いをし、御奉剣の「天むら雲剣」で「悪魔払い」した後、神輿を門前に迎え神官が家内安全・五穀豊穣・無病息災を祈願していたとされる。また、一九日には「麦貰い《むぎもらい》」として飼葉料を貰いに行く行事があり、これは御神馬が廃止された現在でも、継続して行われている。このムギモライの行事は、後に指摘するように、祇園祭の麦の収穫儀礼としての性格にもつながるものであるが、神前で露払いとして神馬を走らせる儀礼はどのように考えられるだろうか。

二　行方市麻生、古宿、新田の馬出し祭にみる境界の観念

（一）馬出し祭の由来

神社の祭礼において、飾りを施した馬を追い立て、御旅所や神社の祭神に奉納する行事を「馬追い」と称する。(11) かつて小田祇園祭で行われていた神輿の出立に際しての御神馬の露払いも馬追い行事の一つであったと考えられる。馬追いに用いられる神馬は、絵馬などと同じく神への奉納物であり、また、神霊がその背に乗って移動する神聖な生き物でもある。ここで想起されるのが、茨城県行方市の霞ヶ浦湖畔に位置する麻生八坂神社で行われる麻生祇園馬出し祭である。同祭礼では、トウヤウマと称される飾り馬に稚子（稚児）を乗せて神迎えを行った後、社殿前の参道で、素戔嗚尊《すさのおのみこと》に擬された神輿と、八岐大蛇《やまたのおろち》に擬された神馬とがせめぎ合い、神輿が神馬を鳥居の外に追い立てる馬追いが行われる。その後、神輿が霞ヶ浦へ浜降りする。『八坂神社「馬出し祭」由来』によれば、この行事では、神馬は八岐大蛇を表し、神輿はそれを退治する素戔嗚尊を表すとされる。麻生藩藩主が近江より国替えとなり当地を治めるに際して、当神社を藩の総鎮守とし、領内の二四カ村を集めて祭礼を行ったのにちなむとされ、また、足軽が馬を引く訓練や軍馬調教にも関わっていたとされている。廃藩置県以降、規模を縮小し、古宿・新田二集落において十数件の家々が「当家」をつとめ、祭礼を司ったとされる。

現在、古宿・新田両地区からサイジン（祭事委員）が三名ずつ（年により四名の場合もある）選出され、祭りを取り仕切る。また、クミウチ単位の輪番で毎年一軒のトウバンを出している。馬出し祇園については、馬出し連（馬出し保存会）が組織化され、馬出し祭に関わることを中心に管轄している。

（二）馬出し祭の流れ

ここでは平成二〇（二〇〇八）年七月二七日に行われた祭礼について、馬出し保存会代表者羽生均氏からの聞き書き、同氏が茨城県に提出した基礎調査票、ならびに当日の観察記録に基づき説明する。

馬出し祭は、かつては旧暦の六月一四日、一五日の両日行われた。本祇園（祇園祭当日）の一週間前にトウバンの家に古宿・新田両地区の氏子各戸が集合し、注連縄を綯う。両地区の要所や、昔、馬場であった場所の道の両脇に竹が立てられ綯われた注連縄が渡される。また、新田三光院、古宿明覚院、次に述べるオカリヤ（御仮屋）前に旗竿が立てられる。また、祭礼当日、馬をつないでおく馬小屋が準備される。オカリヤは本殿から道を越えて、霞ヶ浦に面する形で、シメオロシの当日立てられる木造の仮殿である。祭礼当日の神社の祭神は、神輿に遷され、オカリヤで奉祭される。

宵祇園を「御浜降《おはまお》り」とも称す。今回の調査では観察できなかったが、羽生氏の基礎調査表によれば、馬出しが行われる本祇園の前日を宵祇園と称し、神馬の町廻りと、神社神殿から神輿への神霊のお移し、神輿の地区内の渡御と仮殿への奉納が行われる。馬出し連は早朝より自分たちと馬の衣装を調え、町廻りに出発し、家々からおひねりとヒ（火）をもらって歩く。午後、社前に氏子たちと、馬出し連（稚子《ちご》が乗る「稚児馬《ちごうま》」の連を除く）が集合し、そこにトウバン宅を出立した稚子馬が稚子を乗せて到着する。稚子、神職、神社総代、トウバンなどにより神事が行われ、氏子と馬出し連には神酒、オモコ、ワカサギなどがふるまわれる。オモコは玄米を蒸した飯であり、トウバンの家の女性が作る供物である。ワカサギは霞ヶ浦で獲れたものを塩ゆでし乾燥させて用いるが、かつては殿様に献上された「公魚《こうぎょ》」であったと伝えられている。

この後、御神体が神殿より神輿に遷され、「柳葉のいつも変らぬ色なれば　神の御前に繁り梢之木」、「昨日まで早苗とりしがいつの間に稲穂もそよと秋はきにけり」（『八坂神社「馬出し祭」由来』四三頁より）などの御神歌が斉唱される。また、祭礼の安全を守る意味でヒが全員に配られる。御幣持ちを先頭として渡御が始まり、新

写真 3-8　馬出し連にヒを渡す

田三光院で休憩し、神事の後、霞ヶ浦堤防を通って古宿をめぐり、オカリヤに到着する。ここでヒを返して散会する。当家は、オカリヤに残り、不寝番を行う。

宵祇園の翌日行われる本祭を本祇園と称する。当日、馬出し連は、早朝より昼まで町廻りを行う。飾り立てた馬を引き、地区の各戸を廻り、ヒをもらい受ける。訪ねた氏子の家の方から出されたおひねりを馬出し連の若者が白い扇子を広げて受けた後、家の方が火をつけたマッチを差し出してヒを渡す（写真3‐8）。また、集落の子供たちが子供神輿を担いで、氏子区域の家々を回る。この際にも、神輿が訪れた家の方から子供たちはヒを受ける。

午後三時近くになると、家から稚子が稚子馬に乗って、馬追い連とともにオカリヤへ出立する（写真3‐9）。稚子には男の子が選ばれるが、稚子になることはその子供にとってもよいこととされる。稚子の衣装や冠などはすべて男の子の家で準備する。稚子がオカリヤに到着すると、オカリヤの横に出された神輿の前に祭壇が設けられ、稚子、トウバン、サイジン（祭人、現在は実行委員会）などが並び、神職が祝詞をあげて神事を行う。その後、全員で御神酒あげを行う。

オカリヤでの神事が終了した後、八坂神社境内で馬出しが行われる。午後四時ごろ、神社前に神輿が戻される。神輿の担ぎ手たちは、

写真 3-9　稚児の出立

白を基調とした衣装を纏っている。神輿をもんだ後、社殿前に据え、そこに榊が運ばれる。次いで子供たちが子供神輿を担いで参道を昇り神輿をもんだ後に神前に据える。準備が整うと、参道を鳥居から神前へと、馬出し連のタヅナトリ二名に口をとられて飾り立てられた神馬が進んでくる。神輿の直前で馬は立ち止まり、神輿とにらみ合うような形とされる。周囲の喧噪を馬が恐れて徐々に鳥居の方向へ下がっていくと、大きな幣束と太鼓の音で馬を驚かし、タヅナトリが手綱を掴んだまま、宙を飛ぶように神馬につき添いながら鳥居めがけて走らせ、その後を神輿が全力で追いかける。参道を囲んだ観客の歓声を受けて、神輿と神馬による馬出しは幾度も繰り返される（写真3-10）。馬出しは子供神輿によっても行われ、大人たち本神輿の担ぎ手たちから大声で囃され、幾度も馬を追った。また木で作られた神馬を用いて小さな子供たちによる馬出しも演じられた。馬出しでは、神輿は素戔嗚尊を、神馬は八岐大蛇を表しており、境内を神輿に追われて駆け抜ける馬は、素戔嗚尊により退治される八岐大蛇の姿を示すとされる。馬出しは夕刻まで幾度も続けられ、やがてオシキリとなり、神輿が馬を境内から押し切ったとして終了となる。この後、神輿と子供神輿は、霞ヶ浦の湖畔に巡行し、水中に運ばれ、担ぎ手たちによって盛大にもまれる（写真3-11）。

写真 3-10　境内での馬追い

(三)　神馬と水界

基本的に、この行事も、夏期に悪霊的な存在を馬に仮託して村から追い払う鎮送儀礼としての意味を有しているものと思われる。また、馬出しでは、人と馬の興奮を煽り、その行事の祝祭としての性格が強められている。

霞ヶ浦湖畔の集落には水神が数多く祀られ、また御霊系の神社である祇園社や八坂神社も水神的な性格を示すが、石田栄一郎によれば、牛馬は供犠を通じて水神と深く関わる動物であり、初春や夏の終わりに牛馬を川辺で水浴させ遊ばせる行事は、牛馬を通した祓いと水神への祈祷とされる[12]。本祭礼で注意されるのは、神輿や神馬の巡幸で、氏子が火を渡す儀礼が行われている点である。祭礼自体は水神信仰や御霊信仰と深く関わるものであると考えられるが、祭礼に際しての祓いの方法として水と対置する火が用いられているものとも考えられる。

馬出し祭は、農耕馬が集落にいなくなったことにより一時中断していたが、二〇年ほど前に、地元有志からの資金提供などにより、外部から馬を借りるかたちで復活した。神の寄坐であると思われる稚児を稚児馬で渡らせたり、夏期の鎮送儀礼として馬出し祭を行うなど、民俗学的にも重要な意味を持つ行事である。また、かつて県下で盛んであった神社祭礼に伴う草競馬なども想起させる。トウバ

写真 3-11　霞ヶ浦での御浜降り

ン、祭りの実行委員会、馬出し保存会（馬出しに関する保存会）などの組織が、現在もこの祭りを支えている。

（四）農耕儀礼としての祇園祭

現在の小田八坂神社の祇園祭と、麻生八坂神社の馬出し祭では、いずれも対抗儀礼が行われる。対抗するのは、小田八坂神社の場合は、神輿と大獅子、麻生八坂神社の場合は、神輿と神馬であり、神輿を素戔嗚尊、大獅子あるいは神馬を八岐大蛇とする説明が語られる。この場合、大獅子と神馬は、神に破れ追われる在地の災厄神の表象ともされ、小田八坂神社祇園祭の場合は、顔合わせの後、天王は還御の過程で奏でられる御神輿囃子によって鎮められ、麻生八坂神社馬追い祇園の場合は、霞ヶ浦への御浜降りによって清め鎮められる。鬼怒川支流から採取されたモクや、霞ヶ浦への御浜降りを通じて水界とつながりが示されるところにも御霊信仰としての性格が現れている。

対抗儀礼が行われる場所は、集落境界と神社境内と異なるが、基本的な祭礼の構造としては共通するものと考えられる。小田八坂神社では、かつて、大獅子は神輿の御幸に際しての露払いであり、神輿が渡御へ出立するに際して馬出し祭と類似する儀礼が行われていたとすると、神輿に移された天王の霊威によって、災厄を表象する神馬を境内外に追っていたものが、本来、渡御に先立って魔祓いの役割を負っていた獅子を大規模化し、それを祓われ鎮められる八岐大蛇の表象とすることで、集落境界での神輿と大獅子との対抗儀礼が成立した可能性がある。当然そこには風流化による祭礼の大規模化や、現在、「つくばまつり」に大獅子のみを参加させていることに示されるごとく、行事自体の観光資源化などの要因も影響を与えているものと思われる。

祇園祭で注意される今一つの点は、共同体における畑作物の収穫儀礼としての意味を持つ行事が見られることである。つくば市玉取の一の矢八坂神社では、かつて旧暦六月一日に天王仮舎を建てるとともに、大麦を搗いて麦酒を仕込み、五日の麦酒貰いでその味を見て、祭礼当日の天候を占うことが行われた(13)。前述するように小田八坂神社では七月一九日には神馬への麦貰いも行われ、夜には五穀豊穣を祈願して、地区のお年寄りが念仏を唱えた。一の矢でもそうであるが、旧谷田部町島名の六月二一日の祇園祭では、うどんを打って食べており(14)、また、同町平塚では、旧暦六月二四日をオーヤノギオンと称して「畑休み」とし、ススキやカヤの箸でうどんを食べたとされる(15)。祇園祭が行われる時期は、麦の収穫が終わった時期でもあり、麦の収穫儀礼としての意味が付帯されているものと考えられる。一年を二分する行事としては、正月と盆とがあり、前者は収穫された水稲による収穫祭・先祖祭、後者は畑作物による収穫祭・先祖祭としての性格が指摘されている。盆前に行われる祇園祭も、稲の生産暦からは、田植え後、稲が成長する夏に行われる鎮送儀礼であるが、畑作、とくに麦の生産暦からいえば、収穫の時期に当たり、共同体における麦の収穫儀礼としての意味も有するものと思われる。つくば市域の祇園祭は、一年間を稲と麦の生産サイクルで二分する時間的な境界観念とも関わる行事だといえよう。

むすびにかえて―祇園祭の現代―

以上、祇園祭における境界の観念について論じてきたが、最後に現代の祇園祭について若干の気づきを述べておきたい。現代社会においては、生活そのものが急速に変化しており、それに伴い、祭礼行事にもショー化・観光資源化など、さまざまな変化や変容が生じ、それを維持するための努力が必要となっている現状がある。例えば、過疎化と地域の年齢構成の変化（伝承者の高齢化）は継承をめぐるさまざまな問題を生じさせており、また、行事の準備や参加による住民の負担感の増加や歳出の削減による維持の困難化などに伴い、住民自身が祭礼行事や民俗の消失に対する危機感を有している場合も多い。そのような状況の中で祭りを支える地域、人々の主体的な努力が継続されている。むすびにかえて、つくば市吉沼の八幡神社祇園祭をみてみたい。

吉沼の祇園祭は、かつては旧暦の六月一四日から一六日にかけての三日間にわたって行われた。現在の祭礼は七月下旬に行っており、筆者が見学できた平成二二（二〇一〇）年度の大祭は七月二四日に行われた。吉沼は一五の地区からなるが、このうち、八幡神社祇園祭において内町・坂本地区からの一騎、新地地区から一騎の大人神輿が出され、笠根地区と明戸地区は子供会が子供神輿を出す。笠根地区の子供神輿は、神輿の四方に提灯を掲げ、紫の布を下げた現代風のアレンジが行われている（写真3-12）。明戸地区の子供神輿は、稲を神輿頂部に掲げ旧来の様式を踏襲している。大人神輿を含めていずれの神輿もＬＥＤによる電飾を施しており、夜間の御幸で神輿が闇に映え、観客にアピールするように工夫されている。午後八時を過ぎた祭りの会場には、各地区の大人神輿と子供神輿とが集合し、観客も集まって喧噪と熱気に包まれる。メインストリートには多くの屋台が出店し、フェスティバル会場が設けられ、そこに各地区の神輿と大囃子屋台が集合し、それぞれ神輿を担いでせめぎ合うなど祝祭的なムードを盛り上げている。

写真 3-12　子供神輿の飾り

写真 3-13　太鼓を叩く親子

吉沼の祇園祭も吉沼を旧地区である内坂と、新たな町場地区である新地とに二分し、それぞれの地区が神輿を出して地区内を巡回させ、境界性を帯びた場所で祈願を行い、さらに、両地区の境界である十字路で神輿を激突させせめぎ合いを行うことにより、夏期の災厄を祓う意義を有する鎮送儀礼であると考えられる。地域を双分的に分け、それぞれが地域を表象する神輿や獅子などを出し、境界で対立させ、非日常的、祝祭的な騒乱を生じさせた後、それを鎮めて再び日常へと戻す、小田や行方の祇園祭と共通する祭礼の構造が見られる。

　現在の大囃子の継承の主体は、大人による氏子組織や町内会組織のみならず子供会(少年団)でもある。子供会の組織は、各町内単位に中学校三年生を頭として、その下に二年生、一年生とピラミッド型の階層を作り、さらに中学校一年生を頭として小学生が学齢順に統率される形をとる。子供たちの自発的な活動が重んじられており、寄付金を集めたり、練習などを頭《かしら》のリーダーシップの下、自発的に行っている。大人は、中学生の親を中心として後見人的に子供たちの活動を見守っている。子供たちは基本的にこの祭礼に全員参加となっており、参加の過程で、自然に自分の祭礼の中での役割を身につけていくという。その親も子供のころから祭礼への参加を体験しており、自分の若いときの体験から子供を指導することができるという（写真3-13）。

また、大囃子の演奏や神輿を担ぐのはもともと成人男性のみであり女性が神輿に触れることは禁じられていたとされるが、現在では成人女性も神輿の担ぎ手として参加している。神輿を担ぐ際の女性たちの大きな、よく通るかけ声は、さらに神輿担ぎを華やかにしている。その一方で沿道で神輿を見ていた幾人かの年配の観客からは、「女が神輿を担いでいる」との言葉も聞かれた。神輿に手を触れ担ぐという行為を男性の領域とする考え方からすれば男性と女性という性差間における境界の観念の揺らぎが見られることになる。しかしながら、祭りの参加者が語った「一緒に汗をかき、輪を一つにできる」という表現からは、世代差や性差という今ひとつの境界を超えて、地域住民がハレの祝祭の中でコミュニケーションを取れるところを、参加者自身が積極的に評価していることが理解される。

祇園祭をはじめとする地域の祭礼がいかに意味あるものなのか、民俗の継承、再編、創造が現代に生きる人々の精神的生活にいかに役割を果たし得るかをさらに考える必要があろう。

【注】

（1）西田長男「『祇園牛頭天王縁起の成立』」、村山修一「祇園社の御霊神的発展」（柴田實編『民衆宗教史叢書⑤　御霊信仰』雄山閣、一九七四年所収）

（2）氏神型信仰とは、特定の共同体成員の全智神的存在。成員は誕生時点で「氏子入り」の儀礼を通じて氏神と「氏神―氏子関係」を結び、一生継続する信仰。成員は共同体成員に限られ、氏神はあらゆる生活側面で氏子を庇護する。各集落の氏神がこれに当たる（堀一郎『日本のシャーマニズム』講談社、現代新書三九〇、一九七一年）。

（3）人神型信仰とは、強力な怨霊などが祀り上げられることにより、現世利益的な力をその信者に発揮し、流行神としてその信仰圏を形成する御霊信仰に基づく信仰。ゆえに、その信者は特定の地域共同体に限られていない。代表例としては菅原道真を祀る天満宮などがある（堀　前掲書）。

（4）本論の調査資料は基本的に徳丸によるものであるが、小田八坂神社祇園祭礼の一部は、前川智子による調査資料に基づく。また調査に際しては、つくば市教育委員会ならびに茨城県文化課の多大なるご助力を得た。

（5）獅子舞の芸態による分類、社会的機能については古野清人の研究に詳しい（古野清人『獅子の民俗　獅子舞と農耕儀礼』（民俗民芸叢書三二　岩崎美術社、一九八六年）。

（6）「民俗芸能悉皆調査票」茨城県教育委員会（つくば市提供資料による）

（7）宮田登『宮田登　日本を語る　民俗学の方法』一六（吉川弘文館、二〇〇七年）

（8）ミルチャ・エリアーデ、堀一郎訳『永遠回帰の神話―祖型と反復―』（未来社、一九六三年）

（9）小田中部地区の公民館と敷地続きで小田大獅子保存会が使用する建物活と薬師如来を祀る真言宗富山派延寿院がある。延寿院に薬師如来坐像が祀られる。

（10）二〇〇九年の調査では、その場で解体されたが、「まつりつくば」に大獅子を参加させるようになってからは、解体を遅らせ、八月末に行っている。

（11）藤田秀司『馬』民俗選書一九（秋田文化出版社、一九八九年）・市川健夫『日本の馬と牛』（東書選書、一九八一年）

（12）石田英一郎『新版　河童駒引考』（東京大学出版会、一九六六年）

（13）茨城県教育委員会『筑波研究学園都市地区民俗資料緊急調査報告書〈昭和四二年度〉』（茨城県教育委員会、一九六八年）

（14）今瀬文也「茨城の祇園を考える―分布・習俗・神輿・山車など―」『茨城の民俗』第四一号（茨城民俗学会、二〇〇二年）、筑波大学みんぞく研究会編『筑波研究学園都市　玉取の民俗』（筑波大学民俗学研究室、一九八〇年）

（15）筑波大学みんぞく研究会編、『筑波研究学園都市 平塚の民俗』（筑波大学民俗学研究室、一九八一年）

【付記】本章の写真は、小田大獅子保存会と囃子保存会、馬出し祭保存会、吉沼地区八幡神社氏子の皆様の許可を得て、すべて筆者が撮影した。なお、肖像権を侵害しないために画像の一部を加工している。

第四章

祭礼と行列
―筑波山周辺にみる三つの形―

古家 信平

一　「祭り」と「祭礼」

日本の祭りの基本的な形は、神々や精霊を祭場に迎えて、信者がそれらに供物を捧げ、歌舞を奉納して、歓待し饗応し、それまでの祈願が果たされたことを感謝し、新たな祈りを捧げ、慰撫し、送り返すことにある。簡単にいうと、神迎え―饗応―神送り、というのが祭りの基本である。ここでは、筑波山周辺に見られるいわゆる伝統的な祭り、現代の新しく創造された祭り、祖先を迎える盆祭りを取り上げて、現代の祭りの諸相をうかがうことにしたい。とりわけ中世からの伝統を受け継ぐ一方で筑波研究学園都市を擁するこの地域は、三つの形の祭りの特徴を見ていくには絶好のフィールドといえる。

日本語で古くから使われている「祭《まつ》り」という言葉があり、これはマツラフという語と関連する。「お側に居る」ということで、具体的にいうと、ご様子をうかがい、何でも仰せごとがあれば承り、思し召しのままに仕えようという態度である。これに対して「祭礼」という言葉は、新しく使われるようになったものである。日本の民俗学を築いた柳田國男は、「祭礼」という言葉が使われる前は「大祭」が用いられ、一年に何度もある祭典の中の最も大きいものを指していたと推測し、他の一般の祭りと区別をしなければならなくなった理由を問うている。さらに、一般の祭りにも「大祭」にも共通する意味は、どこに求められるべきかと問うている。神迎え―饗応―神送りが、いずれにも共通しているが、ここで柳田が指摘する「祭礼」の特徴は、

①　神輿の渡御とそれに伴ういろいろの美しい行列があることである。中世以来、京都などではこの行列を風流《ふりゅう》と呼んでいた。風流とは「思いつき」ということであり、新しい意匠を競い、毎年目先を変えていくのが本意であった。「祭り」は風流があるために「祭礼」になったともいえる。神輿は神を祭場に迎える方

式の一つで、現在見られるような飾り神輿は、京都の祇園祭のそれが最初のものであったと考えられている（祇園祭は九七四年に疫病を祓う御霊会として始まった）。近世にはこの方式が都会で流行し、各地の神社の神迎えにきれいな神輿を用いるようになったのである。

② 祭礼になると祭りに参加するのでなく、見物だけのいわゆる観客が生じたことである。祭りによって都会の生活が華やかに感じられ、幼い日の記憶にも残るようになったが、神社を中心にした信仰は廃れていき、やがて村々の祭りでもただ眺めるのが普通という気風に変わってきた。

③ 祭礼では主要な祭儀が昼間に行われる。一方、「祭り」は夕方から朝までの一夜に行事の中心があった。今日でも冬の終わりに行われる神楽は、夜通し実施されている。祭りに参加するということは参籠することを意味していたので、祭りに仕えるだけの条件を備えたものでなければ参ることもできなかった。神に差し上げたのと同じ食物をいただくのが直会《なおらい》であった。

④ 祭礼の行われる時期は夏が多い。「祭り」は秋の収穫の後の、ものの豊かなときに行われるのが最も多く、その次は春の終わりから夏の始まりに行われるのであった。これは稲作の初めと終わりに当たっている。（柳田國男『日本の祭』による）

ここで注目したいのは、日本の祭りの中の「祭礼」であって、その中でも①の行列であり、ここで指摘される風流は祭礼に限ってみると、神輿、山車、鉾、傘、屋台などである。行列して練り歩くことで、②にあるような観客を楽しませるのである。

次に、筑波山周辺で行われている祭礼と行列を紹介し、以上述べた点を検討してみたい。

第一に「祭礼」として柳田の挙げた特徴をよく備えている例として、茨城県石岡市の常陸国総社宮大祭《ひたちのくにそうじゃぐうたいさい》をみることにしたい。石岡市は筑波山のほぼ真東にあり、そこからは男体山と女体山の山頂が重なって一つの山のように見える。総社宮は一般には総社《そうじゃ》と呼ばれ、天平年間（七二九～七四九年）あるいは平安時代末期の創建ともいわれる古い歴史を持つ神社で、大祭は現在は九月一四、一五、一六日に行われる。

第二に、新しく創造される「祭礼」として、茨城県つくば市で最大のイベントの一つとなっている「まつりつくば」を取り上げることにしたい。この祭礼は、九月第一（現在は、八月最終）土曜、日曜に行われる新しい祭りであるが、そこでは柳田の指摘した風流とは「思いつき」ということがまさに実践されており、新しい意匠を競い、毎年目先を変えた趣向をこらした演目が登場している。ただし、神を迎え、饗応し、送り返すという、日本の祭りの基本が損なわれており、行列の部分が肥大化して、さまざまなグループが繰り広げるパレードを楽しむことが中心になっている。こうした「祭礼」が新たに作られることが、「ふるさと」の創出と関連することも指摘したい。

第三に、土浦市佐野子の盆行事を検討する。先祖祭祀の最も重要な行事である盆には、家々の先祖の霊を迎え、饗応し、送り返すのであるが、そこで先祖を迎えるときの行列を検討したい。死者の霊は死後三三年経つと個性を失い、「ご先祖様」という集合体に吸収され、祖霊として子孫を守る存在になると考えられている。盆に迎えるのは先祖（仏）であり、また一部は、祖霊として神に近い存在となった霊魂である。ここには、神迎え―饗応―神送り、という祭りの基本形と似た構図が認められる。具体例として、佐野子集落に伝えられている盆綱の習俗を取り上げたい。そこでは、子供たちが龍と見なされるワラ綱を持ち、行列を組んで墓地から集落の家々に仏様を迎え届けるのである。観客はいないが、この例から神霊を、子供たちが行列を組むことによって生じる共同の力によって運搬し、その霊力の庇護の下に入ろうとする民俗的思考がうかがえ、「祭礼」とも関連していることを指摘したい。

二　常陸国総社宮大祭―伝統的な都市の祭礼―

柳田國男は「祭礼」という言葉を使う前に、それに相当するのは「大祭」と称していたであろうと推測していたが、ここに挙げる「常陸国総社宮大祭」はそのよい具体例となる。

奈良時代に今の茨城県を常陸《ひたち》の国《くに》と呼んでおり、現在の石岡市に国府が置かれた。石岡市は現在人口五万三千人の小さな市である。常陸国総社は国府跡の西側にあって、総社というのは、常陸国の神社を合祀した大社という意味で、一九〇〇年に県社となり「常陸国総社宮」と呼ばれている。祭神は伊弉諾尊《いざなぎのみこと》、素戔嗚尊《すさのおのみこと》、大国主尊《おおくにぬしのみこと》、瓊瓊杵尊《ににぎのみこと》、大宮比売命《おおみやひめのみこと》、布留大神《ふるのおおかみ》の六神である。この祭りは江戸時代に町民が「家内安全」「無病息災」を祈願するようになって相撲大会が神事として始まり、徐々に形を整えながら今日にいたったと考えられている。九月に行われる三日間の祭りはそれぞれ、神幸祭（一四日）、例大祭（一五日）、還幸祭（一六日）と呼ばれている。

一四日の「神幸祭」は、常陸国総社宮の御神体を神輿に乗せて、年番町の仮殿に迎える祭りで、午前中に総社宮本殿に各町の氏子代表が参列し、発輿祭を行う。

年番町というのは、祭礼の運営を一つの町内が責任を持って担当する年番制度の当番町のことである。近代社格制度で一九〇〇年に郷社から県社になったときにこれを記念して祭礼の運営が話し合われ、一九〇二年に当時の町役場で抽選して順番を決めて、現在にいたっている。当時は一六の町内で、その後一つの町内が辞退したため、現在は一五の町内が順番に当たっている。一五年に一回は年番町としての役割を果たすことになり、運営には相当な経費もかかるので、小さな町内では非常に負担が大きいのであるが、担当町内には仮殿が造られ、神輿に乗った御神体を迎えられるので、大変名誉なこととして、担当する町内は張り切って準備に励む。

一四日の午後に神輿の渡御となり、行列を組んで年番町の仮殿に向かう。この日が神迎えである。行列の中の御神体が乗った大神輿の前に、露払いが並ぶが、その先頭には、富田のささら（県指定無形民俗文化財）の屋台があり、老獅子、若獅子、女獅子の三頭の獅子が屋台の上で舞う。ささらは、富田町だけの出し物で、七度半の迎えを受けて出るという非常に格式の高い出し物である。その後ろには獅子舞や、各町から出される山車が続く。山車は屋根がない二層構造になっており、下層が舞台になっていて笛、太鼓、鉦の囃子にあわせて、おかめ、ひょっとこ、きつねなどの面をつけて踊り、上層には各町で独自の人形が飾りつけてある。囃子は、石岡囃子（県指定無形民俗文化財）といわれ、江戸から導入された里神楽系統の一つの葛西囃子が改良されながら伝えられたものである。仮殿までの行列は、多くの見物人を楽しませる。このように町内ごとに出し物が決まっており、それぞれ責任を持って獅子舞や囃子を出すのが都市の祭礼の一つの型になっている。

一五日の「例大祭」は総社宮本殿で行われ、宮司、氏子総代、氏子が集まり、神楽殿では十二座神楽が奉納される。総社宮境内の土俵では奉納相撲が行われる。。この日が、神を饗応している部分である。

一六日の「還幸祭」は、午後、年番町の仮殿に置かれていた神輿が、一四日と同様に各町の山車や獅子舞などで行列を組みながら本殿まで帰還する。これは神送りに相当する部分で、神輿が本殿に着くと御神体を本殿に戻し、次の年を担当する年番町への引き継ぎが行われる。

伝統的な都市の祭礼の特徴は、そこに住む町内の人々が順番に責任者となって運営に当たり、出し物の中で不足するものは外から雇ってきて充当することである。つまり、祭礼の運営には携わるが、実際の演技は自分たちで全部実施するのではなく、外部に依頼している。そのため、目新しいいろいろな要素が加わるのが容易であり、それが都市住人の期待にこたえることにもなり、周囲から集まってくる観客を楽しませるのである。しかし、神社専属の宮司が祝詞をあげ、神を神輿に移してから行列を組んで巡行することや、年番町の仮殿も神を迎えるという神事の一環にきちんと位置づけられ、最後に御神体を神社の本殿に返すなど、古来の祭りの形式である神迎え—饗応—神送りという形は守られている。この意味では、祭礼は「祭り」の延長上にあるということができる。

三　「まつりつくば」―新しい都市の祭礼―

次に取り上げるのは、新興都市で新たに作り出された祭礼である。この祭礼が行われている筑波研究学園都市は、「試験研究及び教育を行うのにふさわしい研究学園都市を建設するとともに、これを均衡のとれた田園都市として整備し、国の研究機関等を計画的に移転することにより、首都東京の過密緩和をはかる」という目的をもって、一九六三年に閣議了解されてから、国家的プロジェクトとして整備が進められてきた。一九八八年には中心となった四つの町村が合併して、つくば市が発足し、この年に第一回目の「まつりつくば」が開催された。

学園都市が着工される前のつくば地区は、ほとんど原野か戦後の開拓地で、原野に入り込むと追いはぎ（通行人を脅して衣服や金品を取る者）が出るとか、キツネに化かされるといわれ、旧住民は工事が進むにつれて、「東京がやってくる」と噂したそうである。新住民が住み始めたころは、旧住民の話す言葉が方言のために聞き取れなかったり、農業を営む旧住民の生活ぶりと、研究職が多い公務員などの新住民の生活との落差が大きく、互いの意志の疎通が円滑にいかなかった。ちょっとした生活習慣の違いから、世界観や価値観の違いまで、ほとんど異文化の接触といい得る状況だった。そのため、旧住民と新住民の相互理解と交流をはかるために、つくば市が主催して開催しているのが「まつりつくば」である。土浦市街と学園都市を結ぶ土浦学園線と呼ばれる道路の片側三車線の一部分を通行止めにして、パレードを中心とした催しが繰り広げられる。

二〇〇一年の経過は次の通りである。

九月一日　午後五時から　つくば音頭　交通安全消防防災パレード　つくば大神輿パレード　大ねぷたパレード

九月二日　午後五時から　エキゾチックパレード　つくば万灯神輿・子供神輿・山車・伝統芸能パレード

ねぶた大パレード

一日の「つくば音頭」は、この祭りのために作られた踊りの振りつきの音楽で、そろいのゆかた姿で踊りながら行進する。「交通安全消防防災パレード」は、消防音楽隊や小学校のマーチングバンドの演奏、消防車両のパレードである。「つくば大神輿パレード」は、市内外の神輿が一〇基以上集まって、山車や獅子舞とともに行進する。「大ねぶたパレード」は青森に発注した三基の大ねぶたとアニメのマスコットのねぶたなどの行進である。二日の「エキゾチックパレード」は趣向をこらした華麗な踊りのパレード、「つくば万灯神輿」は万灯で飾られた大型の神輿で、この年に新たに製作されたものである。「子供神輿・山車・伝統芸能パレード　ねぶた大パレード」は一日目と同様である。

これらの催しで注目されるのは次の点である。

①「つくば大神輿パレード」は、つくば市と近隣の町村の神社から神輿が集まり、練り歩く。この祭りの場にいる人々は、神輿の行列を見て、神を迎えて巡行している雰囲気に浸ることができるのである。しかし、ここで注意しなければならないのは、「まつりつくば」の中心となるのが、特定の神社の神ではないということである。そのため、先に述べた「常陸国総社宮大祭」の例のように、誰も神輿に乗せられている祭神が何であるか述べることができず、祭礼のはじめにまず宮司が御神体を神輿に移して、神が氏子の住む地域を巡行するという形は取っていない。つまり、祭りの基本形である神迎えに相当する部分の神事を欠落しており、いきなり行列が始まり人目を引くところになっているのである。

②　つくば市と近隣町村の神社の神輿が集まるばかりでなく、各地域の民俗芸能集団も集まってきて神輿の前後で、あるいは舞台の上で演じている。例えば、つくば市上境のヒョットコ踊り、上《うえ》ノ室《むろ》の「八坂神社例祭」に奉納する祇園囃子、花室《はなむろ》の「八坂神社例祭」に奉納する花室囃子（大杉系囃子）、田中の田中囃子（神前

奉納の囃子に地芝居的要素が加わったもの）、上郷の「八坂神社例祭」に奉納する大杉囃子、今鹿島の「鹿島神社祇園祭」に奉納する今宿太鼓などで、この中にはつくば市の無形民俗文化財に指定されているものもある。このように、祭礼に他の地域の芸能集団が参加するのは周辺の大きな神社でも見られることであるが、参加団体の種類と規模が大きく、民俗芸能大会といってもよいくらいに肥大化したのが「まつりつくば」の一つの特徴といえる。

③　「まつりつくば」は毎回、新しい意匠を競い、目先を変えた演目が登場している。ねぷたが登場したのは一九九八年の第一八回のときで、青森県人会が協力して本場青森からねぷたを持ち込んだ。二〇〇一年にはつくば万灯神輿が新しく作られている。この神輿の担ぎ棒は前後九メートル、左右六メートルという大型で、神輿の堂の部分の錦絵を市民から公募するなど、製作の段階から市民が参加できるようになっている。また、沖縄県人会が沖縄の郷土芸能であるエイサーを演じたこともある。このように、つくば周辺の民俗芸能ばかりでなく、日本各地の代表的な出し物や芸能を集約して祭りらしさを演出していることと、公務員などとして日本各地から寄り集まっているつくば市の住民が県人会などを通して、祭りに参加していることが、旧来の地元の祭りには見られない特徴といえる。

④　②で述べたように旧住民が代表する民俗芸能と、③で述べたように新住民が代表する日本各地の祭りの出し物が融合したところに「まつりつくば」の特徴がある。各種のパレードには、旧住民も新住民も誰もが参加できる。もともと、氏子が担ぐはずの神輿も希望者を募って、男女関係なく担げるようになっている。

⑤　祭りには、「家内安全」「無病息災」といった御利益を求める心情が生まれるものであるが、ここではそれすら問題にならない。神事の要素を全く排除して、無宗教に徹して、行列に祭りの中心を置いているのである。そのことが、日本人ばかりか外国人も加わることができる土壌を形成している。

⑥　原野を切り開いて人工的に作られた研究学園都市には、人々の精神的紐帯となりうるような神社仏閣の類

はなくそこで行われる祭りもなく、ここを「ふるさと」と感じさせるものがなかった。祭りが必ずしも「ふるさと」の創成につながるものではないが、④⑤に述べたように、新旧住民の融合と、外国人も加われる自由な雰囲気は、この催しが参加者の間に体験を共通としたつながりを生み出す契機となっているといえよう。

四　先祖を迎える行列

はじめに、日本の祭りの基本は、神迎え―饗応―神送りであると述べた。ここでは、七月一三日から一六日（一カ月遅れで八月一三日から一六日というところも多い）の先祖を迎えて祭る「盆」行事に注目して、神ではなく先祖（仏）を迎え、饗応し、送り返す一連の行為のうちで、最初の先祖を迎える段階に行列が行われることを見ることにしたい。

盆は、もともとは旧暦の七月一五日の盂蘭盆会を中心とする数日間の行事で、寺院では施餓鬼会を行って亡霊を弔ったりする。日本の各地で多少の違いはあるが、一般の民家では、七月一日（または八月一日）を地獄の釜の蓋が開く日だといい、ナス畑やイモ畑に入ると餓鬼の叫び声が聞こえるなどといわれる。この日は地獄の餓鬼が開放される日であると考えていた。また、墓の掃除をしたり、盆道作りといって先祖が帰ってくる道の草を刈ったりしている（同様のことを七日に行うところもある）。一三日の夕方になると仏壇の前に簡単な棚を作り、四隅に笹を立て、縄を張ってホオズキの実などを飾るところもある。これを盆棚といい、ゴザなどを敷いて、仏壇から位牌を出して並べ、ナスで作った馬などを供える。初物のトウモロコシ、カボチャ、ウリなども供える。膳椀に先祖が食べる食事を用意して捧げる。このときに無縁仏に捧げる分として盆棚の下に皿に盛った食事を置いておく（盆棚は仏教の宗派によって異なり、浄土真宗では作らない）。無縁仏は方言ではガキと呼ばれ、先祖に対する食事は毎回新しく供えるのに対し、同じ皿に次々にのせていくという違いが見られる。こうした準備ができると、一三日の夕方に墓に先祖を迎えに行く。

ここで例として紹介するのは、茨城県土浦市の一集落（佐野子）で行われている「盆綱《ぼんづな》」といわれる習俗である。現在は土浦市では一カ所だけで行われていて、隣接するつくば市では三カ所で行っている。霞ヶ浦周辺ではよく行われており、同様の行事は隣接する千葉県にも分布している。

ここでは、三年ほど前から盆綱を作るのにちょうどいい、長めの弾力のあるワラを確保するためにとくに稲（もち）の品種を選んで作付けされている（本来は稲ワラは細工に使わず、牛馬のカイバに使っていた）。平成七（一九九五）年ごろまでは子供たちの主体的な行事で、ワラや竹も子供たちで調達し、細工のできないところを大人が補助する程度であった。かつては、新米のできる時期になると、古いワラを買いに納豆屋が来ていたので、この機会に子供は集落のすべての家々を回ってワラを集め、なるべくたくさん確保しようとした。そうやって納豆屋に売り、子供たちは現金がもらえる楽しみが大きかった。最近は、全体の行程に育成会の大人がかなりの助力をしている。

時間の経過にそって見ていくと、次の通りである。八月一三日の昼過ぎに綱をなうために作り方をよく知っている老人と補助の若者、それに小学校一年生から中学校三年生までの男子生徒が公民館の前に集まる。女子生徒がこれまでに加わったことはない。平成一三（二〇〇一）年には一七名の男子生徒が参加していた。老人の話によると、縄は龍を表し、ワラ細工で口、舌、耳、角を作り、目はナスを使っている。所によっては、縄は蛇を表すというが、蛇は龍の化身と考えられているから、発想としては同じである。顔の作り方は、角に針金を入れたほかは、以前と変わらない。龍の胴体に当たる部分は、参加する男子生徒の人数に合わせて、皆がつかんで歩くのにちょうどいい長さにしてある。子供たちはハサミを持って集まっており、なったワラの余分なところを切って、持ちやすくしている。

写真 4-1　墓に先祖を迎えに行く行列

夕暮れが迫り、人の顔が判別しにくくなってきたころに、公民館前に子供たちが集まり、集落の共同墓地に向かって歩き出す。子供たちはさらしの手ぬぐいでほおかむりをしている。「乗りらっせ、乗りらっせ、仏様、乗りらっせ（お乗りください、お乗りください、仏様、お乗りください）」と囃しながら、共同墓地で右回りに、一回りする（写真4-1）。それから集落に向かって歩く間は、「ござった、ござった。仏様、ござった（いらっしゃった、いらっしゃった、仏様、いらっしゃった）」と囃す。集落の端の家から順に縁側のところに行って、「仏様、おりらっせ（仏様、お降りください）」と大声でいって、龍の頭を部屋の中に投げ入れるような所作をする（写真4-2）。その家の先祖や祖霊が龍に乗せられてそこまで来て、子孫のいる家で降りたと考えられる。迎える家では、縁側に香炉やロウソクを置いて待ち、お礼として子供たちにおひねり（金銭を包んだ紙をひねったもの）を渡す。こうして家々を回り終わると、川にかかる橋の上に行き、盆綱を川に投げ入れて流す。それから子供たちは公民館に戻り、最上級生が各家からもらった金銭を参加した下級生に分けてやり、行事が終わる（綱は、環境保護のため引き上げられて処理されている）。公民館では、小学校一年生から順に呼ばれてお金を受け取る。一番最初に呼ばれ

写真 4-2　家々を廻り迎えた先祖を降ろす

た子供は、恥ずかしそうにもじもじしており、十円をもらってとてもうれしそうにしていた。順番に子供たちを呼んで手渡しする中学校三年生もそうした経験をしながら成長してきたのである。同年齢でなく、こうした異年齢の子供のつき合いから社会の仕組みを学んでいったのである。

一四日には集落の人々は墓参りをする。一三日に盆綱に乗せて先祖を迎えたのであるから、もう墓地には残っていないと思われるが、墓には先祖の中の留守番がいるので、それに対しての墓参である、と説明される。墓地からの帰りには、線香を地面にさしながら家まで戻ってくる。これは先祖が家に戻る目印になるという。

ここでの先祖は三つに分類されている。これを線香のあげ方からうかがうことができる。仏壇にあげる線香は一度に三本で、それは「ご先祖様（祖霊）」「自分の頭にある名前のわかっている先祖（両親とか祖父母）」「無縁仏」である。盆綱で迎えるのはこのうちの最初の二種類である。

盆綱の行事をまとめると、次のようになろう。

御神体を神輿に移して巡行する行列に、神の存在を感じるように、龍に見立てた盆綱を持って歩く子供たちの行列にも先祖や祖霊の存在を感じることは不思議ではない。子供たちがほおかむりしているのは、神仏に仕える童児として仮装しているのであり、女子を含まないのもそのためである。子供たちの囃し言葉は、そこに先祖や祖霊がいることを具体化しているのであり、行列を組んで共同の力によって神仏を運ぶのは、神輿や獅子舞の行列に通じるものがある。

蛇や龍は水神の象徴であり、稲作地帯にこうした習俗があるのは当然で、盆綱は稲作の伝播の方向からいうならば南方系の要素であるといえる。これが先祖を迎える盆行事と結びついているのは、この地域の特徴と思われる。

むすびにかえて

祭礼には行列がつきものである。むしろ、それが中心になり、祭礼を形作っているとさえいえる。行列の比重が高まるとともに宗教性が薄れ、さまざまな趣向をこらした出し物が増えている。石岡の総社宮の祭礼においても、二日目にはやや小ぶりの神輿が巡行し、駅前の大通りには市内各所の幌獅子が集合してパレードし、そのあと山車が集結してライトアップされた絢爛なパレードが行われている。ただ、行列に神輿が登場しているように、観客はそこに霊的な存在を感じていることが予想され、盆綱で見たように、行列そのものに神仏を共同の力によって運び、その守護の下にありたいという心情がうかがえる。そうした心情は、田舎の小さな祭りのような民俗レベルから、規模の大きい商工祭にいたるまで見出せる。「まつりつくば」にそうした心情を見るのは読み込みすぎかもしれないが、行列の伝えるメッセージの一つとしてとらえることは可能であろう。筑波山周辺には、石岡の総社宮や土浦市佐野子のような、一方は都市の祭礼の特徴をよく表し、一方は農村の先祖祭祀のあり方をよく伝えているところがあり、またこれらとは別に創造される祭礼が見られる。それらは全く別々の発想で成り立っているようでありながら、大きな枠組みでいえば日本の祭り、祭礼の特徴を見出すことができ、微視的にいうならばこの地域に伝えられてきた風流の要素を組み合わせて成り立っているといえるであろう。

【参考文献】

菊池健策「祭りに集う」（『日本の民俗　九　祭りの快楽』吉川弘文館、二〇〇九年）
金賢貞「都市祭礼におけるヨソモノの存在とその意義―茨城県石岡市常陸国総社宮大祭を事例に―」（『日本民俗学』二四一、二〇〇五年）
柳田國男「日本の祭」（『柳田國男全集』一三、筑摩書房、一九四二（一九九八年））

【追記】 本章に紹介した三つの事例は、報告時点をそろえるために二〇〇一年の状況に統一してある。文中の「現在」もその時点である。

第五章

筑波山とアジア・太平洋戦争

伊藤　純郎

はじめに

次頁の資料『試製基地要図第三（関東地方）』（防衛省防衛研究所戦史研究センター史料室所蔵）（図5-1）は、アジア・太平洋戦争末期における関東地方の陸軍飛行学校・飛行場と海軍航空基地・飛行場の場所および施設・滑走路の長さと幅を図示したものである(1)。

アジア・太平洋戦争末期になると、関東地方に限らず、日本「本土」各地に陸軍飛行学校・飛行場や海軍航空基地・飛行場が建設もしくは計画された。なかでも、宮城や大本営を有する関東地方では、「本土決戦」に備えて東京湾や房総・九十九里・鹿島灘沿岸に海軍航空基地や飛行場が相次いで建設された。

『試製基地要図第三（関東地方）』の茨城県域に着目すると、横須賀海軍航空隊・佐世保海軍航空隊に次いで、三番目に大正一一（一九二二）年一一月一日付けで稲敷郡阿見村（現阿見町）に開隊した霞ヶ浦海軍航空隊をはじめ、霞ヶ浦海軍航空隊から独立し阿見村に開隊した土浦海軍航空隊を除く、鹿島・筑波・谷田部・百里原・北浦・神ノ池・石岡の各海軍航空基地（地図上の⚓印）と、水戸南・水戸・水戸北・鉾田（豊鹿島）・西筑波・下館・龍ヶ崎の各陸軍飛行場（地図上の★印）が記載されている。関東地方における陸海軍の飛行学校・飛行場、航空基地・飛行場は敗戦時に六四カ所を数えるが、その四分の一が、帝都東京から距離が近く、また霞ヶ浦や鹿島灘に代表される長い海岸線を有する茨城県域に設置されたことがわかる。

さらに、茨城県域におけるこれらの陸軍飛行場や海軍航空基地・飛行場の位置関係に着目すると、陸軍では西筑波・下館飛行場、海軍では霞ヶ浦・土浦海軍航空基地はもとより、鹿島・筑波・谷田部・百里原の各海軍航空基地や石岡海軍飛行場がまるで筑波山を取り囲むかのように設置されていることがわかる。

本章では、こうした点を踏まえ、筑波山周辺に設置された陸軍飛行場や海軍航空基地で飛行訓練に励んだ訓練

図 5-1　『試製基地要図第三（関東地方）』（防衛省防衛研究所戦史研究センター史料室所蔵）

生にとっての筑波山を、その死後の世界までも含めて素描したい。具体的には、まず、筑波山周辺に設置された陸軍飛行場と海軍航空隊・航空基地の概要を説明し、次いで、訓練生にとっての筑波山を飛行訓練と日常および休日の生活の観点から考察し、最後に、戦死した訓練生の霊の観点から筑波山をとらえ直すことで、筑波山とアジア・太平洋戦争について考察したい。

一　筑波山と陸海軍

茨城県域に設置された陸軍飛行場は、水戸陸軍飛行学校の飛行場として設置された水戸（東）陸軍飛行場（那珂郡前渡村、現ひたちなか市）、水戸陸軍航空通信学校の飛行場として設置された水戸南陸軍飛行場（東茨城郡酒門村・吉田村、現水戸市）、鉾田陸軍飛行学校の飛行場として設置された豊鹿島（鉾田）陸軍飛行場（鹿島郡新宮村、現鉾田市）、陸軍航空士官学校の飛行場として設置された西筑波陸軍飛行場（筑波郡作岡村・吉沼村、現つくば市）、特攻隊の訓練・出撃基地として計画された水戸北陸軍飛行場（那珂郡戸多村、現那珂市）と陸軍特攻機専用の秘匿飛行場として設置された龍ヶ崎陸軍飛行場の六飛行場に及んだ(2)。

一方、茨城県域に設置された海軍航空隊は、左に示すように、霞ヶ浦海軍航空隊の分遣隊として設置されその後独立したものと、霞ヶ浦海軍航空隊の系統とは別に設置されたものに大別される。

①　霞ヶ浦海軍航空隊（大正一一年一一月一日開隊、稲敷郡阿見村、現阿見町）
　→霞ヶ浦海軍航空隊友部分遣隊（昭和九年六月二二日設置）
　　→筑波海軍航空隊（昭和一三年一二月一五日開隊、西茨城郡宍戸町、現笠間市）

→筑波海軍航空隊百里原分遣隊（昭和一三年一二月一五日設置）
→百里原海軍航空隊（昭和一四年一二月一日開隊、東茨城郡小川町、現小美玉市）
→霞ヶ浦海軍航空隊谷田部分遣隊（昭和一三年一二月一五日設置）
→谷田部海軍航空隊（昭和一四年一二月一日開隊、筑波郡谷田部町、現つくば市）
→土浦海軍航空隊（昭和一五年一一月一五日開隊、稲敷郡阿見村、現阿見町）

②　鹿島海軍航空隊（昭和一三年一二月一五日開隊、稲敷郡安中村、現美浦村）
→鹿島海軍航空隊北浦分遣隊（昭和一六年一〇月一四日設置）
→北浦海軍航空隊（昭和一七年四月一日開隊、行方郡大生原村、現潮来市）

③　神ノ池海軍航空隊（昭和一九年二月一一日開隊、鹿島郡高松村、現鹿嶋市）

これに加え、石岡・神立・海老ケ島・大畑・葛城・岡部の六つの飛行場が工事中であった。このうち、新治郡石岡町（現石岡市）に建設された空廠整備を任務とする石岡飛行場（未使用）を除く五つの飛行場は工事中のまま終戦を迎えた。

以上、陸海軍合わせ二〇にも及ぶ陸軍飛行場と海軍航空隊の中で、「筑波」の名称を掲げたものは西筑波陸軍飛行場と筑波海軍航空隊の二つである。

西筑波陸軍飛行場は、筑波海軍航空隊が使用していた飛行場が、昭和一五（一九四〇）年七月、陸軍航空士官学校飛行場として開設されたものである。飛行場の名称については、作岡村が「作谷飛行場」、吉沼村では「神立飛行場」とそれぞれ希望したが、陸軍が「西筑波飛行場」と決定したという。

東西一五〇〇メートル、南北一六〇〇メートルの面積で、滑走路と格納庫鉄骨造三棟、格納庫木造六棟などの格納施設を有した[3]。開設当初は、オランダ領インドネシアに投入されたパレンバン落下傘部隊の訓練基地であっ

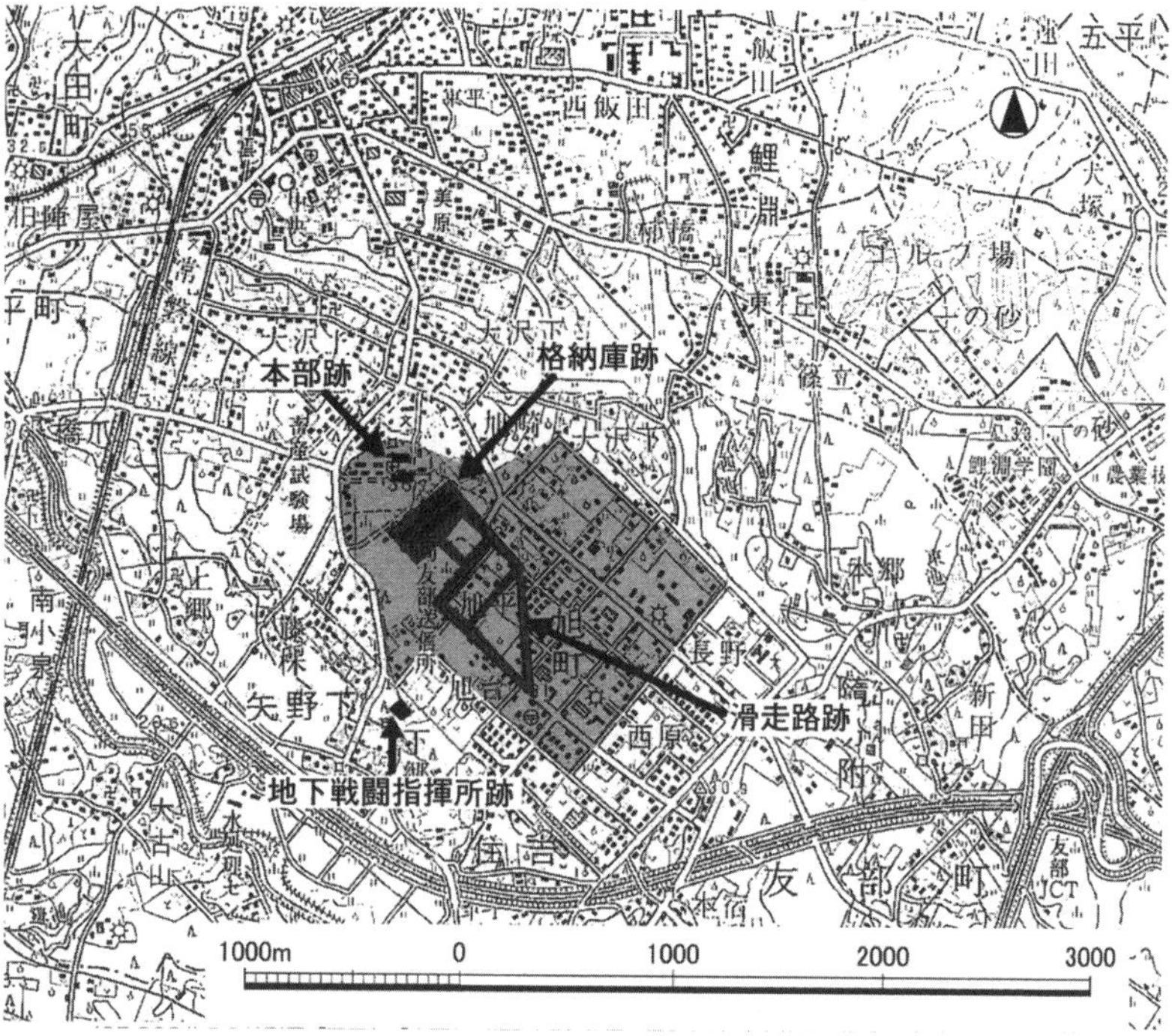

図 5-2　筑波海軍航空基地位置図

（25,000 分の1 地形図「石岡」「水戸」〈昭和 15 年修正、昭和 26 年応急修正、平成 13 年修正〉より作成）

たが、昭和一八年以降は、東部第一一六部隊（滑空歩兵部隊）と東部第一一七部隊（滑空機操縦部隊）が所属し、訓練に明け暮れた。陸軍滑空飛行部隊（いわゆるグライダー部隊）発祥の地とされ、西筑波陸軍飛行場跡地にあるつくば市作岡保育所敷地内には、昭和六三年に「戦友会一同」が建立した「陸軍挺進滑空飛行第一戦隊（グライダー部隊）発祥之地記念碑」がある。

一方、筑波海軍航空隊は、昭和九年六月二二日に霞ヶ浦海軍航空隊友部分遣隊として設置され、昭和一三年一二月一五日に独立・開隊した。分遣隊の名称である「友部」ではなく「筑波」の名称を掲げたのは、基地から距離的に近く朝夕仰ぎ見ることのできる、しかも全国的に著名な筑波山にちなんでとされる。

国鉄常磐線友部駅より一本道を二キ

ロほど歩くと筑波海軍航空隊の隊門があり、隊門の右手には筑波神社が建立されていた。長さ四一五×幅四〇メートル、五七五×四〇メートル、六一〇×四〇メートルの三つの飛行場を持ち、飛行場を除いた用地面積は五二万六七三一坪（約一五万九六一六平方メートル）に及び、[4] 実用機・戦闘機の搭乗員を養成する練習航空隊であった（図5-2）。

「筑波」の名称を掲げた西筑波陸軍飛行場と筑波海軍航空隊をはじめとする陸軍飛行場や海軍航空隊とその基地が筑波山を取り囲み、仰ぎ見るように設置・開隊されたのである。

二 「筑波山宜候」

霞ヶ浦海軍航空隊友部分遣隊・筑波海軍航空隊をはじめ、霞ヶ浦・百里原・谷田部・土浦海軍航空隊で操縦訓練を受けた誰もが脳裡に刻み込んだものに、「筑波山宜候」（筑波山ようそろ）という言葉がある。「宜候」（宜しく候）とは、針路指示のやり取りの際に「直進」「了解」といった意味で使用される用語で、操舵員や操縦士が艦長や機長から指示された針路に艦船や飛行機を向け終わった時に「〇〇ようそろ」と報告した。

昭和一三（一九三八）年一〇月一日、第三期甲種飛行予科練習生として横須賀海軍航空隊に入隊し、一年六カ月の予科練教程を終え、操縦専修員として筑波海軍航空隊に入隊した者は、「筑波山宜候」について以下のように記している。

　ところが此処も又鬼の棲む航空隊であった。手ぐすね引いて待っていたのはO兵曹、K兵曹をはじめとする操縦教員の一団であった。

「筑波山宜候」と復唱して操縦桿と、フットバーを操作する後方から教員の「馬鹿野郎!!」と言う罵声と同時に後頭部をガツンと棒で殴られる。風防越しに正面にあった筑波山は右や左に動いて針路は全く定まらない。

着陸すると何かと言いがかりをつけて殴り、果ては落下傘を尻にぶら下げたまま夏草しげる飛行場一周を命ぜられる。(5)

甲種飛行予科練習生とは中学校三年修了程度で入隊した練習生で、高等小学校卒業程度で入隊した乙種飛行予科練習生出身の教員からは、学歴の違いからしごかれたという。筑波山を目標とした飛行中に「後頭部をガツンと棒で殴られ」たら、「針路」どころではなかったと思われる。

また、昭和一八年九月に第一三期飛行専修予備学生として土浦海軍航空隊に入隊した者は、以下のように回想している。

昭和十八年十二月一日、中練教程、筑波航空隊の入隊式があった（中略）。

午後からは飛行作業、「慣熟飛行」である。いよいよ生まれて初めて飛行機に乗るわけである。（中略）「左右前後、見張りはよいか」「離陸する」

レバーを一杯に入れると、プロペラが猛烈に唸りをあげている。飛行機がすべりだした。いつのまにか、身体が浮き、離陸しはじめた。地面がだんだんと離れていくのがよくわかる。

上昇後、まもなく第一旋回にはいり、機首がかたむいて身体がおかしな状態になる。そのような私の状態を察してか、後席より教員から声がかかる。

「ほら、前方の筑波山ヨーソロだぞ」

やがて第三旋回も、第四旋回も終わったのも知らないうちに、飛行機は着陸の体勢に入っていた。地面が急にせまってくる、と思ったとたん、ガタンと接地する。同時に、またエンジンを一杯にふかして離陸する。「よく地上をみよ」「左右をよくみよ」「筑波山ヨーソロだぞ」「変更輪はよいか」あれこれと後席から教員の指示があるが、何をしていいやら、さっぱり見当がつかない。三回目に着陸して飛行が終わり、列線に帰ってきてホッとした。つぎの学生と交替して指揮官に届け終わるまで、無我夢中で緊張の連続だった(6)。

右の回想からうかがえるように、「筑波山宜候」とは、訓練飛行時に「筑波山頂に向けてそのまま直進せよ」という意味で使用されている。

筑波山周辺で行われた訓練飛行にとって筑波山山頂は、飛行訓練の目印であった。筑波山山頂を目指し飛行し、再び基地内の飛行場に戻る――。訓練生にとって筑波山は、飛行技術の上達を自ら体感できる目標であった。

三　訓練の日々の中の筑波山―竹内浩三『筑波日記』―

筑波山は飛行訓練の目印ばかりでなかった。日々の生活中で朝夕眺める、訓練で憔悴した心身を慰めてくれる山でもあった。

昭和一八（一九四三）年九月二〇日に西筑波陸軍飛行場の東部第一一六部隊に配属された竹内浩三は、昭和一九年一月一日から七月二七日までの西筑波陸軍飛行場における生活を一日も欠かすことなく、小さな二冊の手帳に書き記した。

竹内は、大正一〇（一九二一）年五月一〇日に三重県宇治山田市の大きな呉服商の長男に生まれ、三重県立宇治山田中学校を卒業後、日本大学専門部映画科に進学したが、昭和一七年九月に日本大学を六カ月繰り上げ卒業となり、三重県の部隊を経て西筑波陸軍飛行場の東部第一一六部隊（滑空歩兵部隊）に配置された。宇治山田中学校在学中に自筆小説・随筆・スケッチ・漫画などを盛り込んだ『竹内浩三作品集』を作り、日本大学繰り上げ卒業が迫った昭和一七年六月には宇治山田中学校の同級生と『伊勢文学』を創刊、一一月までに五号を出すなどの文学青年でもあった(7)。

竹内自身が『筑波日記』と題した二冊の手帳のうち、一月一日から四月二八日までの一分冊は「冬カラ春へ」と題し、竹内が愛した詩人宮沢賢治の作品集（十字屋書店版全集の一巻と推定されている）をくりぬき、四歳上の姉、弘の嫁ぎ先に送った。四月二九日から七月二七日までの「みどりの季節」と名づけられた一分冊は宇治山田中学校の同級生中井利亮の家の土蔵から発見されたという(8)。

『筑波日記』は、以下のような文章で始まる。

コノ日記ハ、十九年ノ元旦カラハジマル。シカシナガラ、ボクガコノ筑波へキタノハ、十八年ノ九月二十日デアッタカラ、約三月ノ記録ガヌケテイルワケデアル。コノ三月ガヌケテイルト云ウコトハ、ドウモ映画ヲ途中カラ見ルヨウデ、タヨリナイ気モスル。ト云ッテ、今サラ、ソノ日々ノコトヲカクコトモデキナイ。ザットカク。

九月十九日、夕方土浦ハ雨デアッタ。北條ノ伊勢屋旅館ヘトマッタ。トオイトコロヘキタト思ッタ。

二十日ノ朝コノ部隊ヘキタ。兵舎ガ建ッテイルダケデ、ナンニモナカッタ。毎日、一一七ノ飛行キガトンデイタ。毎日、イロンナ整備ガ出来テ行ッタ。三中隊ヘカワッタケレドモ、一週間デ二中隊ヘモドッタ。毎日、演習デアッタ。一月ホドタツト、重キカン銃ヘマワッタ。分解ハン送デ閉口シタ。

西風ガ吹キハジメテ、冬デアッタ。敏之助応召ノ電報ガキタ。三泊モラッテ帰ッタ。十一月二十八日。土屋、中井、野村ガ、ソノトキ明日ノ入隊ヲヒカエテイタ。マッタク、イイ具合ニ会エタ。野村ヲ送ッタ。東京ノ大岩照世ノ家ニヨッタ。久シブリノ東京デアッタ。

筑波山腹デ二泊ノ天幕露営ガアッタ。ボクハ炊事ニマワッタ。

水戸へ、三日ツヅケテ、射撃ニ行ッタ。夜オソク帰ッテ、朝二時ニオキテ、又出カケルノデアッタ。二時間ホドシカネムレナイノデアッタ。下旬ニナルト、富士ノ滝ケ原へ廠営ニデカケタ。学校へ行ッテイルコロ、二度キタコトノアルトコロデアル。一週間富士山ヲミテクラシタ。十八年ガ、オワッタ。

以後、一月一日からの西筑波陸軍飛行場での生活が毎日欠かさず記された。宇治山田中学校の同級生である中井利亮は、『筑波日記』について、「軍隊では食物が神様で、それが本当でも、普通の人間は恥づかしがつて、思想がどうのこうのと書くところ」、「冬、春、夏の季節を、ちつとも面白くなく、生甲悲《ママ》なく心臓を動かしてゐた記録」で「なにを食べて、ねむつた、汗をかいた。ねてゐたと云う記事の羅列を布く。この日記位、その日その日の食物を克明に記したものは見当らない」[9]と述べている。

しかし、戦争に関する所感が一言も記されていないわけではない。四月一四日には「戦争ガアル。ソノ文学ガアル。ソレハロマンデ、戦争デハナイ。感動シ、アコガレサエスル。アリノママ写スト云ウニュース映画デモ、美シイ。トコロガ戦争ハウツクシクナイ。地獄デアル。地獄モ絵ニカクトウツクシイ。カイテイル本人モ、ウツクシイト思ッテイル」と、戦争を美化した文学や映画には戦争の真実が描かれていないと批判したうえで、「コノ日記ハドウカト云ウト、フルイニカケテ書イタモノデアル。書キタクナイモノハサケテイル。ト云ッテ、ウソハホトンド書イテイナイ。ウソガナイト云ウコトハ、本当ナコトトハ云エナイ」と、記されている。

竹内は『筑波日記』を便所の中で書いたようで、小さな手帳に認めた『筑波日記』を「便所の中などで眺めては「これがぼくのただ一つのクソツボだ」と云って大事にしていた[10]」という。『筑波日記』の中で、「筑波山」について言及したのは以下の三カ所である。

二月四日
ボクハ、コノ日記ヲ大事ニシヨウト云ウ気ガマスマス強クナッテキタ。コノ日記ヲツケルタメニダケデ、カナリ大キナ支障ガ日日ノツトメノ上ニキタス。ソレホドヒマガナイ。シカシ、コノ日記ハオロソカニハスマイ。

下妻ノ町ヲ、ボクハ好キダ。タベモノガドッサリアル。火見櫓ヤ、ポストヤ、停車場ガ気ニ入ッタ。コノ町ノ女学校ノ先生ニデモナロウカト、本気デナンドモ考エタ。
ガタガタノバスヤ、ゴトゴトノ軽便汽車ガ好キダ。軽便汽車ノ中ノ、ランプヤオ婆サンノ顔ヲ好キダ。女学校ノ校庭ノポプラヲ好キダ。筑波山ヲカスメル白イ雲ヲ好キダ。

三月一日
非常呼集ガカカッタ。四時。
冷タイ風ノヨウニ、星ガ消エテイッタ。キョウハ、水曜デ休ミデアル。永吉一等兵ガ外出スルノデ、ソノ交替ニ炊事へ行ッタ。炊事ハハジメテダ。白イ作業衣ノ上ニゴムノエプロンヲシタ。
ジャガイモヲ洗ッタ。（中略）
ヒルメシヲドッサリ喰ッタ。喰ッテ、ブラブラ帰ッテクルト、イママデ何ヲシトッタ、スグ用意ヲセイ、グライダァニ乗ルンジヤ。
生レテ、ハジメテノ、ボクノ空中飛行ガ始マル。

ゴチャゴチャト、緑色ノベルトノツイテイル落下傘ヲ着ケタ。勇マシイ気ニナッタ。同乗者十三人アマリ。ヨイ数デハナイ。

赤イ旗ガ振ラレタ。

ガツント、ショックガアッタ。

スルト、枯草ガ、モノスゴイ速サデ流レハジメタ。ウレシクナッテ、ゲラゲラ笑ッタ。枯草ガ沈ンデ行ッタ。

コノ、カワイラシイ、ウツクシイ日本ノ風土ノ空ヲアメリカノ飛行機ハ飛ンデハナラヌ。

　　空ヲトンダ歌

ボクハ　空ヲトンダ
バスノヨウナグライダァデトンダ
ボクノカラダガ空ヲトンダ
枯草ヤ鶏小屋ヤ半鐘ガチイサクチイサク見エル高イトコロヲトンダ
川ヤ林ヤ畑ノ上ヲトンダ
アノ白イ烟ハ軽便ダ
ボクハ空ヲトンダ
思イガケナイトコロニ、富士山ガ現レタ。グット廻ッタカト思ッタラ、霧ノ中カラ、筑波山ガ湧イテキタ。
飛行機ノロープヲ切ッタ。高度八百米。
四月三十日
外出をした。橘兵長と斎藤一等兵が道づれであった。

写真 5-1　西筑波陸軍飛行場跡地から見る筑波山

米と卵を仕入れるために、ぼくだけ、安食へまわった。例のむすめさんの家へよって、米を一升買った。その、おやじさんとはなしこんで三十分ほど道草をくった。

宗道まで、汗をかいた。

うどんをたべた。

汽車にのった。下妻でおりた。つめたいミルクをのんだ。二杯のんだ。ピカピカのアルミニュウムのコップであった。

黒雲が湧いてきた。突風がきた。稲ヅマが、各所でくだけて、ドロドロ雷神の足ぶみがきこえた。大粒がざっときた。白いほこりを上げて、道路がおののいた。駅まではしった。汽車にのった。夕立はやんでいた。緑の樹々であった。はっきりした筑波山であった。衛戍線突破。白い花は、梨畑であった。

二月四日の記述は、外出許可の出た日、「下妻ノ町」に遊びに出かけたときの筑波山である。「下妻ノ町」には、路線バスもしくは徒歩で宗道へ行き、そこから「軽便汽車」で向かったようだ。「筑波山ヲカスメル白イ雲」は下妻高等女学校と思われる「女学校ノ校庭」から眺めた風景だろうか。

四月三〇日は、外出許可の出た日、夕立のあとに目にした「はつきりした筑波山」が記されている（写真5-1）。

一方、三月一日の記述は、爆撃機に曳行されるグライダーに搭乗した、「生レテ、ハジメテノ」「空中飛行」のとき、「アメリカノ飛行機ハ飛ンデハナラヌ」「ウツクシイ日本ノ風土ノ空」から目にした筑波山である。

竹内が筑波山を眺めたのは、こうした外出許可の出た日や訓練中だけではなかった。

五月二十四日
一時間起床延期であった。
兵器要員の使役に出た。
姉と中井利亮にたよりをした。
キノウ土浦ノ駅ヲトオッタ
ココニオマエガ居ルトオモッタ
ココカラモ筑波が見エルトワカッタ
オマエモ筑波ヲ見テイルトオモッタ
オレモオマエモ同ジ山ヲ見ルコトガデキルトワカッタ

「土浦ノ駅」とあるから、中井は霞ヶ浦海軍航空隊か土浦海軍航空隊に配属されて訓練を受けていたことと思われる。中学校の同級生が郷里から遠く離れた茨城の地で、筑波山を眺めながら訓練の日々を送っていたのである。

こうした竹内の生活も、昭和一九年一二月一日で終わる。同日、竹内が所属した東部第一一六部隊は西筑波陸軍飛行場を離れ宇品に向かうのである。

四　筑波山と戦死者の霊

竹内が所属する中隊は、昭和一九（一九四四）年一二月一九日に門司を出港し、台湾の高雄を経て、二九日にルソン島北サンフェルナンド港に到着した。その後、中隊は、昭和二〇年一月、バギオを経て、「ウグ山付近へ転進、そこの戦闘ではほとんど全滅」[11]したという。

この間の竹内の行動や消息は不明である。ただし、戦後の昭和二二年六月一三日付の「死亡通知書」（広報第二四八〇〇号）には、「陸軍兵長　竹内浩三」は「昭和二十年四月九日　時刻不明、比島バギオ北方一〇五二高地方面の戦斗に於て戦死」[12]と記載されており、戦死日を四月九日とすると、満二三歳と一一カ月、あまりに早すぎる「戦死」であった。

本節では筑波山と戦死者の霊との関係について考察したい。柳田國男は、空襲警報の中、「少なくとも国の為に戦つて死んだ若人だけは、何としても之を仏徒の謂ふ無縁ぼとけの列に疎外しておくわけには行くまい」という想いから執筆した『先祖の話』の中で、以下のように述べている。

私がこの本の中で力を入れて説きたいと思ふ一つの点は、日本人の死後の観念、則ち霊は永久にこの国土のうちに留まつて、さう遠方へは行つてしまはないといふ信仰が、恐らくは世の始めから、少なくとも今日まで、可なり根強くまだ持ち続けられて居るといふことである（「一三　先祖祭の観念」）。

現在もほゞ古い形のまゝで、霊はこの国土の中に相隣して止住し、徐々としてこの国の神とならうとして居ることを信ずる者が、たしかに民間には有るのである。さうして今や此事実を、単なる風説としてゞ無く、もつと明瞭に意識しなければならぬ時代が来て居るのである。信ずると信じないとは人々の自由であるが、この事実を知るといふまでは我々の役目である（「七六　願ほどき」[13]）。

柳田は、死者の霊は、子孫の供養を受けたのち、祖霊となり神となって故郷の山にとどまり、盆や正月には家に戻り、子孫に恩恵を与えていくと説いた。

では、そうした子孫の供養を受けることができない「国の為に戦つて死んだ若人」の霊は、どこの山にとどまるのだろうか。

周知のように、筑波山周辺の海軍航空隊で訓練した多くの若き飛行兵が「特攻」として「散華」した。筑波海軍航空隊では、昭和二〇（一九四五）年二月、戦闘機実用機教程第一四期予備学生を主力とした体当たり攻撃部隊が編成され、特別攻撃訓練実施ののち、三月二八日、神風特別攻撃隊「第一筑波隊」から「第一三筑波隊」までの計一三隊、隊員八四名が指名され、四月六日からの沖縄戦における「菊水作戦」に参加、六三名もの隊員が陸軍鹿屋航空隊基地から飛び立ったまま帰らぬ人となった[14]。

「菊水作戦」には、谷田部海軍航空隊で編成された神風特別攻撃隊「昭和隊」、百里原海軍航空隊で編成された神風特別攻撃隊「正統隊」「常盤忠華隊」「皇花隊」「生気隊」「八幡護皇隊」も参加した。

彼ら特攻隊の多くは、未婚で子孫の供養を受けることができない「若人」である。彼らの霊は、それぞれの故郷の山にとどまったのか、ともに飛行訓練に明け暮れた「筑波山宜候」の山である筑波山にとどまったのか――。

私には、筑波山にとどまっているように思える。

むすびにかえて

本章では、筑波山とアジア・太平洋戦争の関係を、筑波山を取り囲むように設置・建設された陸軍飛行場・海軍航空隊とその基地、飛行訓練に励んだ訓練生の生活、そして戦死者の霊の三つの視点から考察した。

飛行場や航空隊の名称に「筑波」という二文字にこだわった陸海軍、「筑波山宜候」を合言葉に行われた飛行訓練、毎日の生活の中で目にし、外出先で眺め、時にはそれぞれの航空基地からともにまなざしを向けた筑波山。

筑波山は、こうした訓練生のまなざしと想いを、どのように受け止めていたのだろうか。


【注】

（1）『試製基地要図第三（関東地方）』（防衛省防衛研究所戦史研究センター史料室所蔵）。「関東地方」と明記されているが栃木県域の陸軍飛行場の一部が記載されていない。
（2）以下、茨城県域における陸軍飛行学校・陸軍飛行場、海軍航空隊・海軍航空基地・飛行場の詳細については、拙編『フィールドワーク　茨城県の戦争遺跡』（平和文化、二〇〇八年）および拙著『歴史学から歴史教育へ』（NSK出版、二〇一一年）を参照のこと。
（3）『陸軍航空基地資料　第一　本州・九州』（防衛省防衛研究所戦史研究センター史料室所蔵）
（4）『海軍航空基地諸元調査表　横須賀鎮守府所管航空基地関係（一九四五年八月調）』（防衛省防衛研究所戦史研究センター史料室所蔵）。筑波海軍航空隊本部棟は戦後茨城県立友部病院として使用された。現在、筑波海軍航空隊記念館となっている。
（5）前田武「ある三期生の回想」（前田武編『筑波山宜候―続甲飛三期生の記録』甲飛三期会、一九八一年）六四頁
（6）陰山慶一『海軍飛行科予備学生よもやま物語』（光人社、一九八七年）四三～四五頁
（7）竹内浩三および『筑波日記』（本居宣長記念館所蔵）については、小林察編『竹内浩三全集２　筑波日記』（新評論、一九八四年）

および「戦没詩人・竹内浩三の「筑波日記」」（『常陽藝文』二〇〇八年八月号・通巻第三〇三号、常陽藝文センター、二〇〇八年八月）を参照のこと。

（8）『筑波日記』第一分冊は、ダークグリーン表紙の手帳（一四・八×九・二センチ）で、ペン・鉛筆書き・カタカナ表記。巻頭「筑波日記」、扉「コノマズシイ記録ヲワガヤサシキ姉ニオクル　KO．KOZO」。扉共墨付六八枚、白六枚。末「筑波日記　冬カラ春へ　終リ」。裏表紙扉「赤子　全部ヲオ返シスル　玉砕　白紙　真水　春ノ木」と記されている。『筑波日記』第二分冊は、ダークグリーン表紙の手帳（一二・七×六・五センチ）で、ペン・鉛筆書き・ひらがな表記。見返し「筑波日記　みどりの季節」、巻頭「筑波日記（2）」、扉「世界がぜんたい幸福にならないうち…宮沢賢治」。扉共墨付五三枚、白九枚（『新規寄贈品目録　第四集　竹内浩三関係資料』、本居宣長記念館）六～七頁

（9）中井利亮「筑波日記について」（『伊勢文学』第八号（竹内浩三特輯号）、伊勢文学グループ、一九四七年八月）二六～二七頁

（10）中井利亮「『愚の旗』あとがき」（前掲注（7）小林察編『竹内浩三全集2　筑波日記』）二三〇頁

（11）「年譜・戦局と竹内浩三」（前掲注（7）小林察編『竹内浩三全集2　筑波日記』）二三三頁

（12）「死亡通知書・死亡認定理由書」（前掲注（8）『新規寄贈品目録　第四集　竹内浩三関係資料』）五頁

（13）柳田國男『先祖の話』（筑摩書房、一九四六年）。ただし引用は『柳田國男全集』第一五巻（筑摩書房、一九九八年）による（四五頁・一四〇頁）。

（14）友部町教育委員会編集・発行『筑波海軍航空隊』（二〇〇〇年）六〇～九一頁

【付記】本稿の執筆に当たり本居宣長記念館長吉田悦之氏、および公益財団法人常陽藝文センター櫻井肇氏に大変お世話になりました。末筆ながらお礼申し上げます。

第二部

「筑波山から学ぶ」からの展開

第六章

筑波山および周辺の地域経済
―歴史的な構造変化と経済発展―

平沢 照雄

はじめに

本章では、筑波山および周辺地域における経済の特徴について明らかにし、同地域経済の今後について展望することを課題とする。

なお、地域経済の発展ないしは活性化を考えるに当たって、筆者は、他地域の成功事例の安易な適用によって、それが容易に実現されるとは考えない。とはいえ同時に、他地域における経済活性化の取り組みに無関心であってはならないとも考える。それゆえ本章で「筑波山から学ぶ」とは、「筑波山およびその周辺地域の経済を学ぶ」ことであり、そのうえで「他地域の経済事例からも学び」つつ、「この地域の経済活性化あるいは持続的な経済発展について考える」ことを意味する。

そうした観点から、つくば市を中心として、第一節では、一九七〇年代以降に生じたこの地域の大きな構造変化に着目する。さらに第二節では、この構造変化を経て同地域の経済がいかなる構造と特徴を持つにいたったのかについて明らかにする。そのうえで第三節では、同地域経済の活性化あるいは今後の持続的な地域発展について言及することにしたい。

一　つくば市の人口と地域産業構造の変化

（一）　つくば市の人口構成と地域的活力

筑波山麓に位置するつくば市は、二〇一四年九月現在で、常住人口二二万一千人をかかえる都市である。同

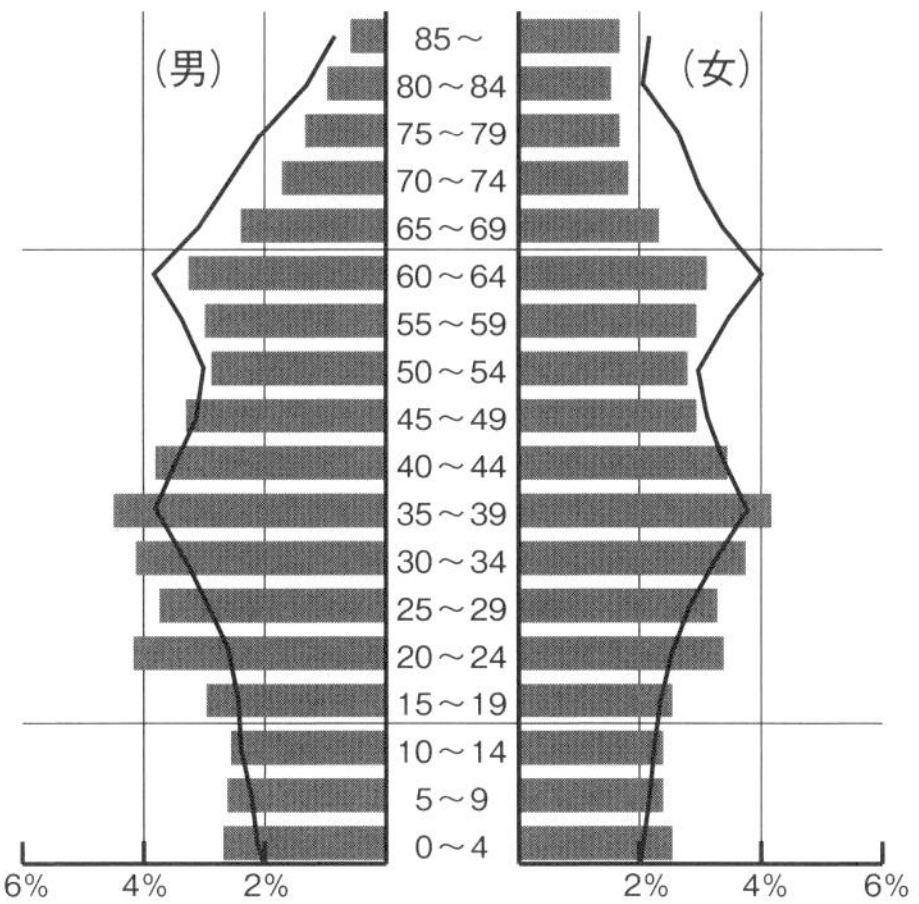

図 6-1　つくば市の人口ピラミッド（2010 年時点）

（出所）　つくば市『第 2 次つくば市産業振興マスタープラン』（参考資料）2013 年より
（注）　1. つくば市：横棒グラフ、全国：折れ線グラフ。
　　　2. 2010 年国勢調査確定値。

市は、隣接する土浦市（一四万二千人、二〇一四年八月）をはるかにしのぎ、水戸市（二七万一千人、二〇一四年九月）に次いで、茨城県第二の都市にまで発展するにいたっている[1]。改めていうまでもなく、こうした発展の契機は、一九七〇年に制定された筑波研究学園都市建設法に基づき当該地域（その当時は新治郡桜村）が研究学園都市として開発されることになったことによる。

実際、旧桜村を中心としたこの地域の人口は、開発が始まった直後の一九七〇年代後半以降、一貫して増加してきた。なかでも茨城県全体の人口が減少へと転じるにいたった二〇〇〇～二〇一〇年の時期を見た場合にも、二〇〇〇～二〇〇五年にかけて、茨城県全体では〇・三五％の減少（全国は〇・六六％増）だったのに対して、つくば市は四・五四％という高い増加を記録した。また二〇〇五～二〇一〇年においても、茨城県全体では〇・一八％減（全国は〇・二三％増）と引き続き人口が減少したのとは対照的に、つくば市は七・〇一％と高い伸びを示している[2]。

さらに、つくば市の年齢別人口構成（人口ピラミッド）に注目すると、図6-1のようになる。そこに明らかなように、全国と比べた場合、三〇代までの若い世代が相対的に多い点が、つくば市の特徴の一つといえる。それに加えて、つくば市における昼夜間の人口比率に関しても、一九八五年以降は昼間人口の方が一貫して高い状態が続いており、二〇〇五年と二〇一〇年の昼夜間人口比率は、それぞれ一〇九・〇％、一〇八・七％であった[3]。このことは、つくば市が、先に見た定住人口の増加とともに、それ以外の周辺住民に対しても活動の場を広く提供する地域として発展してきたことをうかがわせる。

また二〇〇五年に「首都圏新都市鉄道」として開通したつくばエクスプレス（以下、ＴＸと略記する）は、この地域へのアクセスをいっそう容易にするツールとして重要な役割を果たしつつある。実際、ＴＸつくば駅における一日平均乗車人員は、開通年（二〇〇五年）の一万一千人から、二〇一三年度には一万七千人へと増大しつつあり、ＴＸがつくば市への通勤、通学を支える重要な交通手段になっているといえよう。

以上のように、この地域は、研究学園都市として発展する過程で、若い世代を「新住民」あるいは「新々住民」として地域内へ持続的に集積させてきた[4]。それとともに、つくば市周辺地域からも通勤・通学（就業・就学）をはじめとして、多くの人々を吸引しうる地域的活力を持った拠点となっているということができる。

（二）　産業構造の歴史的変化とその特徴—第三次産業中心の産業構造へ—

それではこうした地域の吸引力ないしは地域の活力は、どのような産業構造を背景としてもたらされたものであろうか。以下では、つくば市の産業構造の変化を見ることを通して、それを確認することにしたい。

図6-2は、産業部門別就業者の推移を見たものであるが、一九七〇年代中ごろは、第一次産業が約四割に達し、産業の中心を占めていたことがわかる。ところが、一九八〇年代以降になると、その構造が大きく転換していく。すなわち、一九八〇年代には第一次産業が三割を割り込み、一九九〇年には約一割に落ち込んだ後に、二〇一〇年には三％の水準にまで減少している[5]。一方、この間、第二次産業は約二割を占め、その比率はほとんど変わっ

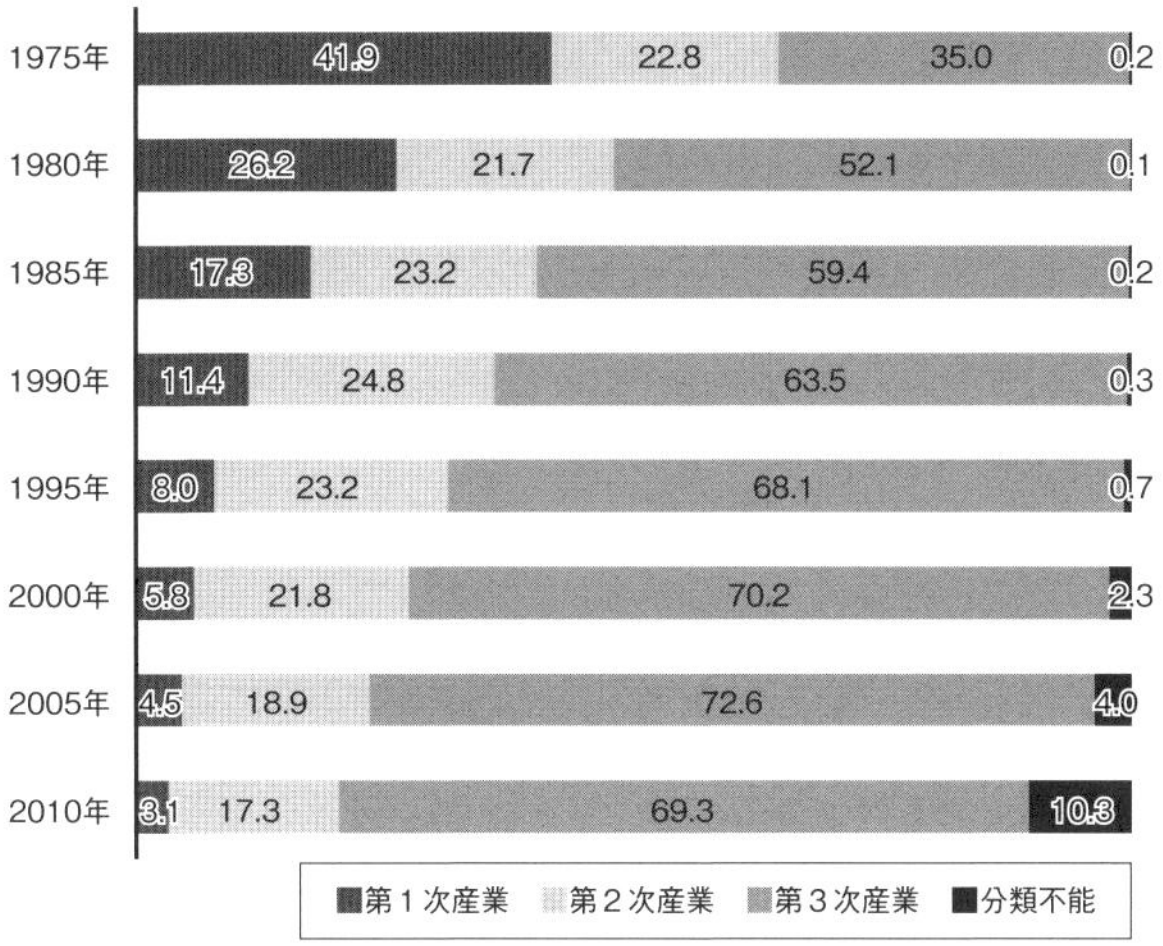

図 6-2　つくば市の産業部門別就業者構成比の推移

（出所）　つくば市『統計つくば』2013 年版より作成

（注）　各年 10 月時点の国勢調査確定値（単位：%）。

ていない。

以上の動きとは対照的に、この時期に顕著な増加を示したのが、第三次産業であった。それはすでに一九八〇年に五割を超え、二〇〇〇年代に入り七割に達していることがわかる。まさにこれまでの三〇年間で、いわゆるサービス経済化が急速に進展した。その結果、第三次産業比率の著しい高さが、つくば市における産業構造の特徴となったということができよう。

（三）　第三次産業のおもな内容
—学術研究をはじめとしたサービス業の発展—

そこで以下では、つくば市の第三次産業の中身に立ち入って、その特徴を見ることにしたい。

はじめに、産業別事業所数および従業者数の構成比を見ると、表6-1のようになる。そこに明らかなように、事業所数に関しては、卸売業・小売業が二七・二%と最も高く、次いで建設業（一二・六%）、宿泊業・飲食サービス業（一一・六%）、生活関連サービス業・娯楽業（八・六%）の順となっている。さらに従業者数では、学術研究・専門・技術サービス業

表 6-1　産業大分類別全事業所数・従業者数の構成比（2009 年、単位：%）

分　類	事業所数			従業者数		
	つくば市	茨城県	全　国	つくば市	茨城県	全　国
全産業	100.0	100.0	100.0	100.0	100.0	100.0
農林漁業	0.7	0.7	0.6	0.7	0.8	0.6
鉱業，採石業，砂利採取業	0.1	0.1	0.0	0.0	0.1	0.0
建設業	12.6	13.3	9.7	5.6	7.4	6.9
製造業	5.1	9.1	8.9	8.6	20.7	15.6
電気・ガス・熱供給・水道業	0.1	0.2	0.1	0.1	0.5	0.5
情報通信業	1.8	0.8	1.3	1.7	1.5	2.7
運輸業，郵便業	2.0	2.8	2.5	3.1	5.9	5.7
卸売業，小売業	27.2	26.0	25.7	17.5	19.0	20.2
金融業，保険業	1.3	1.3	1.5	1.2	1.9	2.5
不動産業，物品賃貸業	5.4	5.0	6.8	1.8	1.5	2.5
学術研究，専門・技術サービス業	5.7	3.5	4.0	18.9	4.3	3.0
宿泊業，飲食サービス業	11.6	11.4	12.9	8.7	7.8	9.1
生活関連サービス業，娯楽業	8.6	9.6	8.5	3.8	4.8	4.4
教育，学習支援業	3.5	3.8	3.7	8.4	4.8	4.9
医療，福祉	5.9	5.3	6.2	9.6	9.1	10.2
複合サービス事業	0.6	0.6	0.6	0.4	0.6	0.6
サービス業(他に分類されないもの)	7.1	5.8	6.2	8.6	6.5	7.5
公務（他に分類されるものを除く）	0.6	0.8	0.7	1.4	2.8	3.0

（出所）　総務省統計局『経済センサス―基礎調査』2009 年版より作成

（一八・九％）が卸売業・小売業（一七・五％）とともに高い。また、前者との関連でいえば、事業者数では比率が高いとはいえなかった教育・学習支援業が八・四％と高い比率を占めていることが注目される。

なお、表6‐1には、全国および茨城県全体の構成比も示してある。それにより全国あるいは茨城県全体と比較すると、つくば市は製造業の比率が相対的に低いのに対して、先に指摘した学術研究・専門・技術サービス業および教育・学習支援業の比率がきわめて高いという特徴を指摘することができる。

このようにつくば市では、第三次産業のなかでもサービス業が相対的に重要な位置を占めていることがわかる。[6]そこで、さらにサービス業のなかでどのような業種が従業者を多くかかえているかについて、TXの終点（秋葉原のある千代田区）と、つくば―秋葉原の中間地点（千葉県柏市）と比較しつつ見ることにしたい。統計上の制約から、秋葉原に関

表6-2　サービス業における業種別従業者数（2009年、上位5業種、単位：%）

順位	つくば市		柏　市		千代田区	
1	学術・開発研究機関	28.4	飲食店	22.6	職業紹介・労働者派遣業	18.6
2	飲食店	12.7	医療業	14.2	その他の事業サービス業	15.4
3	医療業	12.3	その他の事業サービス業	11.7	飲食店	14.9
4	学校教育	10.0	洗濯・理容・美容・浴場業	7.0	専門サービス業	13.2
5	その他の事業サービス業	7.8	社会保険･社会福祉･介護事業	6.9	学校教育	4.9

（出所）　総務省統計局『経済センサス―基礎調査』2009年版より作成
（注）　1. 各地域で従業者数が多い上位5業種をピックアップし、サービス業全体に占める比率を示した。
2. サービス業全体：産業分類L(71)～R(95)の総和。

しては同地区に限定することはできず、より広く千代田区のデータで見るほかないが、それぞれの地域で従業者数が多い上位五業種をピックアップし、サービス業全体に占める比率を示したのが、表6-2である。

いずれの地区においても、飲食店とともにその他事業サービス業（速記、ワープロ入力、複写業、警備業など）がランクインしている点で共通している。一方で、千代田区に関しては、職業紹介・労働者派遣業や専門サービス業（法律・特許事務所、司法書士・行政書士・公認会計士・税理士事務所、社会保険労務士事務所など）の従業者が多い。また柏市は、医療業とともに社会保険・社会福祉・介護事業や、洗濯・理容・美容・浴場業が多い。これに対してつくば市の場合は、学術・開発研究機関とともに学校教育、医療業への従業者が相対的に多いことがわかる。とくに学術・開発研究機関が突出して高い比率を占めており、これと学校教育とをあわせると約四割に達する点は、つくば市が日本有数の研究学園都市として発展してきた点を反映した構造ということができよう。

言い換えれば、一九七〇年代まで農林業を中心としてきた筑波山麓の地域経済を大きく変貌させたのが、先述の研究学園都市の建設であった。この大規模な開発を通じて、国の研究・教育施設がこの地に次々と設立され、これらの機関への就業者が増大した。そうした発展と密接に関連して、それら住民が利用する飲食店や商業ならびに医療施設が順次整備され、それに伴って就業者が増大するといった形で、先に見た業種をはじめとする第三次産業中心の産業構造が形成されたと見ることができる。

そして、こうした第三次産業を中心とした産業構造が、つくば地域に人々を持続的に吸収し、その活力をもたらす原動力となっている。今日の同地域における経済の特徴をとらえる場合には、まず以上のような産業構造の変化について把握する必要があるといえよう。

二　筑波山周辺地域における経済構造の特徴

（一）　研究・教育機関の集積地としての「研究学園地区」

そこで以上を念頭に、以下では、一九七〇年代後半からの歴史的変動の過程で、筑波山周辺地域にどのような経済が形成されてきたのかについて見ることにしたい。

第一の特徴は、研究・教育機関の集積地としての「研究学園地区」という側面を持つことである。周知のように同地域は日本最初のサイエンスパークとして形成され、研究・教育機関が多数立地する全国的にも有数の研究拠点である。そうした側面はたんに科学技術にとどまらず、一九八〇年代以降の地域経済発展の起動力にもなり、これに関連する形で商業（卸売業・小売業）や飲食業等も発展してきたことは、すでに指摘した通りである。

それに加え、こうした発展は、工業立地に対しても一定の影響を与えてきた点に注目する必要がある。これまでつくば市には、九カ所の工業団地が形成されてきた。そしてそれは近隣の土浦市、守谷市などと比べても面積、

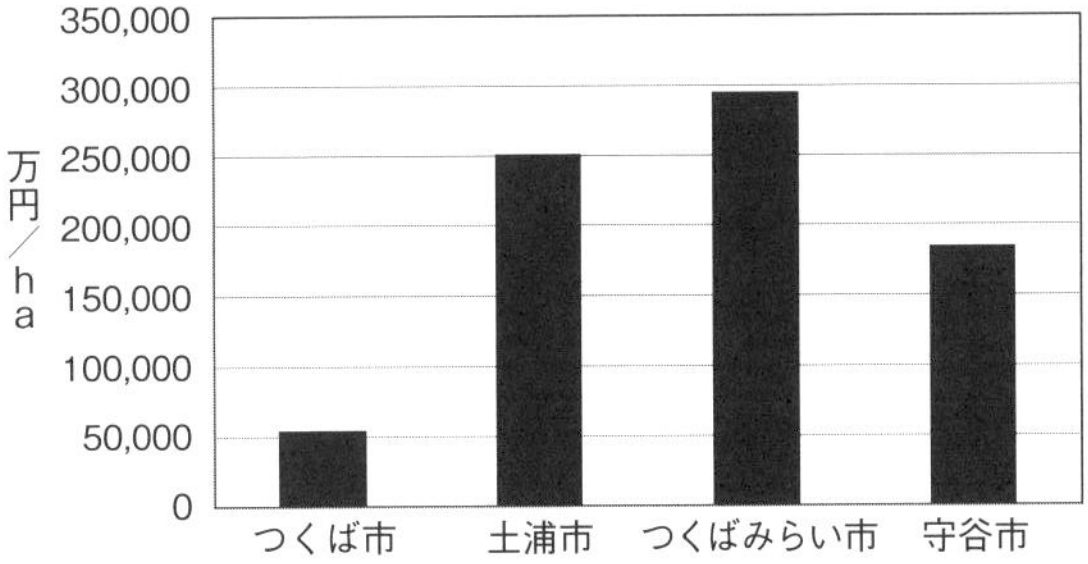

図 6-3　工業専用地域 1ha 当たりの製造品出荷額（2010 年）

（出所）　つくば市『第 2 次つくば市産業振興マスタープラン』（参考資料）2013 年より作成

事業所数とともに上回る規模に達している。

しかし、その一方で工業専用地域一ヘクタール当たりの製造品出荷額を見ると、図6-3のように、近隣都市と比べ相対的に小さいことがわかる。これは出荷額が大きい量産型の製造工場の立地というよりは、むしろ研究機関が多数立地することとの関連で、研究開発型の企業や、企業の研究開発部門の進出が多く見られた結果によるものと見ることができる。

このように、多くの研究開発型企業や企業の研究開発部門が立地することで、先端技術産業地域としての発展力を内包してきたのがつくば地域の特徴といえるが、さらに一九九〇年代末以降はベンチャー企業の創業地域としても注目されるにいたっている。この点に関して、図6-4は、二〇一三年一月時点で活動中のつくば発ベンチャー企業（二〇八社）を対象として、その設立時期ごとの件数を、教育・研究機関別に見たものである。

同図より、つくばで近年活躍するベンチャーは、その多くが二〇〇二〜二〇〇七年の時期に、産業技術総合研究所および筑波大学を中心に設立されたことがわかる。なお茨城県の調べによれば、茨城県内全体でのベンチャー企業数は、二〇一一年時点で累計三二一社とされていることから、つくば地域は、そのうちの約三分の二を占めるベンチャー企業の一大活動拠点であるといえよう[7]。

このうち特に大学発のベンチャーに着目し、その設立の推移を見ると図6-5のようになる。同図より、二〇〇二〜二〇〇五年にかけて、筑波大

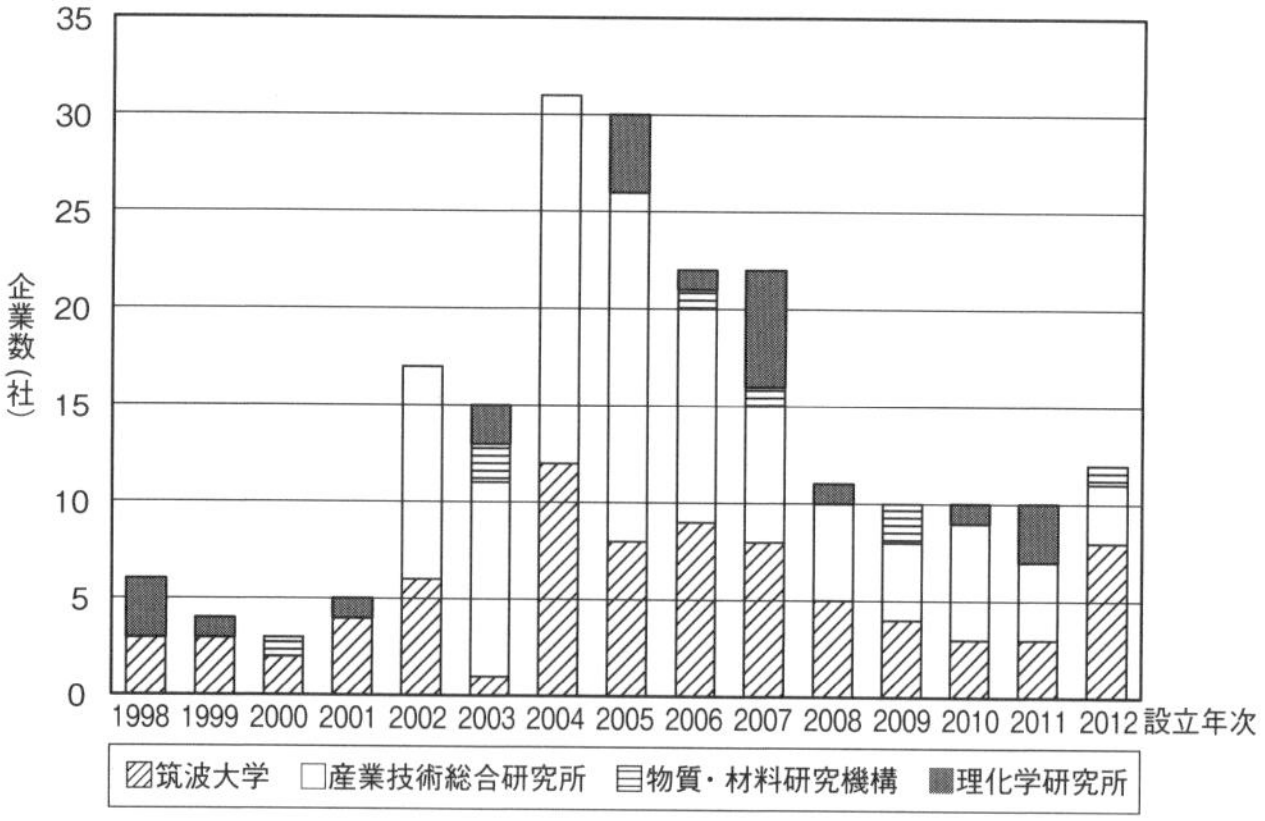

図 6-4　つくば（大学・研究所）発ベンチャー企業（2013 年 1 月時点で活躍中の企業）

（出所）　つくば市『第 2 次つくば市産業振興マスタープラン』2013 年より作成

（注）　1. 産業技術総合研究所：1998～2001 年、物質・材料研究機構：1998～1999 年、理化学研究所：2012 年は不明。

2. 理化学研究所：つくばの事業所発以外の企業も一部含む。

学発ベンチャーの新規設立が増大したことがわかる。そして二〇〇六年度には、筑波大学の新規設立数（八件）が、二位の東京大学、広島大学、早稲田大学（以上、五件）をおさえて全国一位となった[8]。

このように筑波大学は、日本の大学ではトップレベルのベンチャー創出拠点となり、その中からは、つくばウェルネスリサーチ（二〇〇二年設立、社長・久野譜也筑波大学教授）やサイバーダイン（二〇〇四年設立、社長・山海嘉之筑波大学教授）といった全国的さらには国際的にも注目され、活躍する企業も輩出されつつある。

とはいえ、図6-5に見られるように、二〇〇六年以降は新規設立が減少に転じ、二〇一〇年までその傾向が続くことになった。しかしその後、再び増加に転じつつあり、地域の新たな経済活力の創出基盤として改めて期待されつつある。

以上のように、筑波山とその周辺地域は、「研究学園都市」という姿に「起業都市」としての様相も新たに付け加える形で、先端技術産業地域として発展してきたといえる。

しかし、他方で、懸念材料がないわけではない。とく

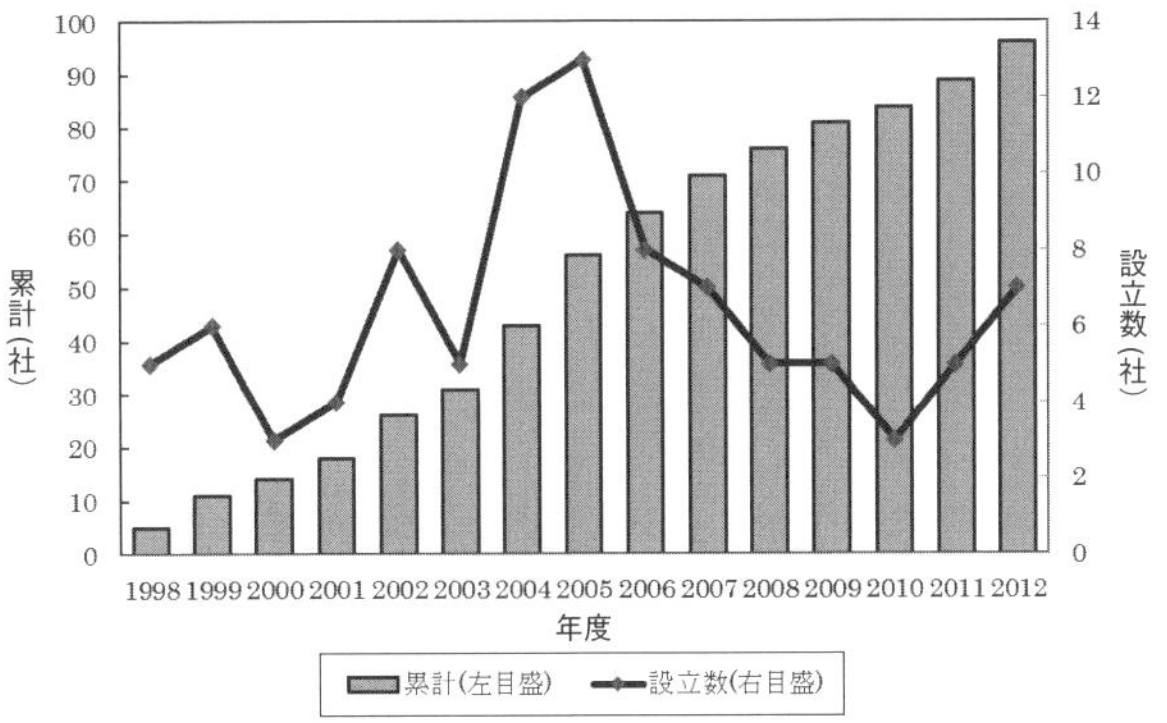

図 6-5　筑波大学発ベンチャー設立の推移

（出所）　筑波大学『産業連携本部リーフレット』2013 年版より作成
（注）　1998 年度の設立数：1998 年度までの設立累計。

に二〇〇三年以降、エーザイ、武田、オムロンなど六企業が、つくば市から次々と撤退した。さらに二〇〇七年以降には、外資系製薬会社の日本離れが進むなか、同地の三研究所（グラクソ・スミスクライン、ノバルティスファーマ、米メルクの子会社万有製薬）が相次いで閉鎖されるなど、進出企業および同研究所の撤退が問題視される事態が生じた[9]。

また、つくば市における製造事業者数の推移を見ると、図6-6のように、一九九二～二〇〇六年にかけて、減少傾向が続いた。その後若干の増加を見せているとはいえ、増加傾向に転じたと楽観視することはできないであろう。

それとともに、TX沿線で東京により近い地域には、東京大学や千葉大学の施設が集積する柏の葉キャンパス地区のような新たな研究学園都市が形成された。その結果として、いわゆる地域間競争において劣位に立たされる危険性が、今後ないとはいえないことにも留意する必要がある[10]。

（二）　茨城県内有数の観光資源とその集客力

さらに、筑波山周辺の地域経済の第二の特徴として、この地域が茨城県内有数の観光資源を保持していることが挙げられる。とくに同地は、筑波山周辺とサイエンス施設という二つの観光ス

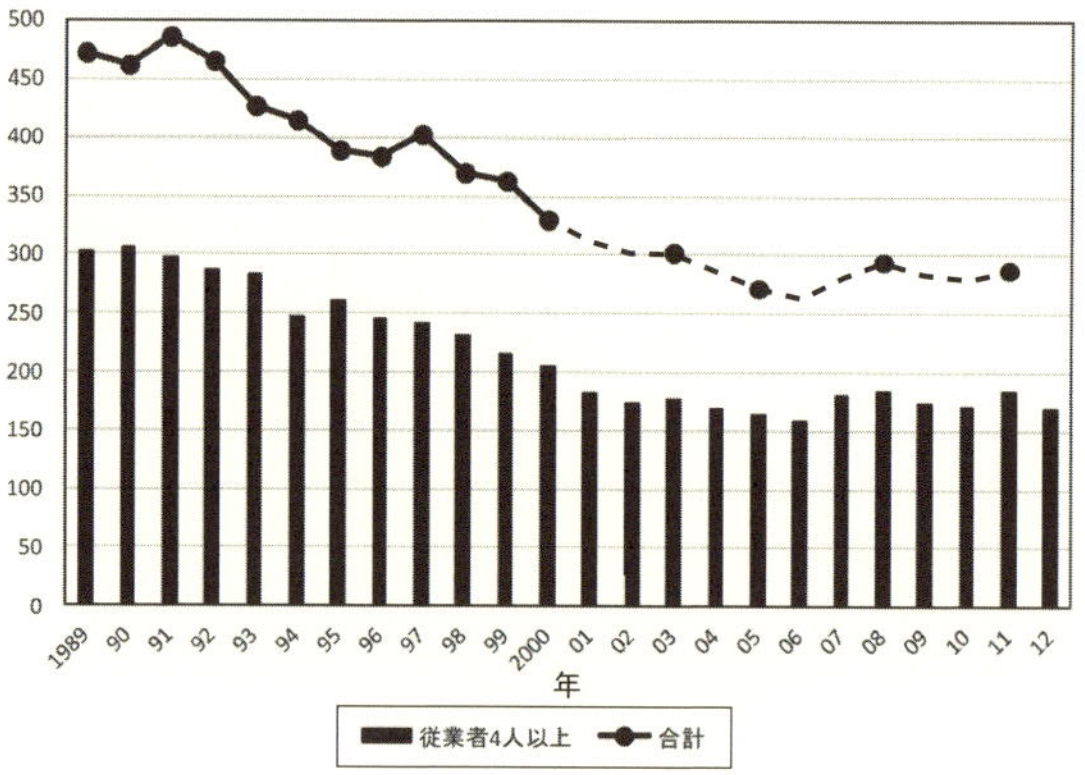

図 6-6　つくば市の製造事業所数の推移

（出所）　茨城県企画部統計課『茨城の工業：工業統計調査結果報告書』各年版より作成
（注）　1. 2001 年まではつくば市＋茎崎町の合計。
2. 合計：従業者 3 人以下＋同 4 人以上。
3. 2002, 2004, 2006〜2007, 2009〜2010, 2012 年は従業者 3 人以下の事業所数は未記載のため合計は不明。また 2001 年も従業者 3 人以下が特定業種に限定されるため不明。
4. 2011 年は「2012 年経済センサス—活動調査」の製造業調査結果。

ポットを併せ持つ地域である点が特徴といえよう。

具体的には、前者は、筑波山や筑波山梅林といった自然スポットとともに、平沢官衙遺跡、小田城跡などの歴史的文化遺産、さらには、近年整備されつつある北条商店街といったスポットがある。一方、後者については、筑波大学、つくば宇宙センター（JAXA）、産業技術総合研究所をはじめとする研究・教育機関や、つくばエキスポセンターといった現代の先端科学技術に触れることができるスポットが数多くある。

さらに、前者の筑波山周辺では、一五〜一八万人の観光客が訪れる筑波山梅まつりをはじめとして、表6-3に示すようなさまざまな行事が開催されている。一方、後者に関しても、研究教育機関の研究開発成果を、じかに見学・体験することが可能な「つくばサイエンスツアー」が年間を通して実施されている。こうしたツアーは、全国的にもつくばのみであり、修学旅行あるいは生涯学習の一環としても広く利用されている。例えば、サイエンスツアーオフィスが把握しているものだけでも、近年では年間ベー

表 6-3　筑波山周辺での祭り・イベント

名　称	開催月
筑波山神社元旦祭	1月
筑波山梅まつり	2～3月
北条大池桜まつり	4月
つくばフェスティバル	5月
筑波山大御堂万灯祭	8月
まつりつくば	8月
筑波山ガマまつり	9月
つくば物語	10月
スターダスト・クルージング	10～2月
筑波山もみじまつり	11月
つくばマラソン	11月
つくば光の森	11～1月
100本のクリスマスツリー	12月

（出所）　つくば観光コンベンション協会『つくば観光ガイド　みちしるべ』2013年版他により作成

（注）　筑波山ガマまつり：2013年以降、開催が8月から9月に変更された。

スで約一五〇団体（一万人）がそれを利用している。[11]

また、研究学園エリアに位置するＴＸつくば駅周辺では、毎年八月末に「まつりつくば」と称する夏祭りが盛大に開催されてきた。この祭りは、同地に研究学園都市ができてから開催されることになったきわめて新しいイベントであるが、近年では、前述の梅まつりをはるかに上回る四〇万人もの集客力を持つにいたっている（表6-4）。

そこで改めて、筑波山とその周辺地域の観光資源が持つ集客力について見てみよう。はじめに、表6-4は、茨城県内の主要イベントについて、東日本大震災以前と以後の両時点における集客力を見たものである。

そこに明らかなように、茨城県内には、震災以前の水準でみて、水戸の梅まつりや黄門まつり、笠間の菊まつりや潮来のあやめまつりといった八〇万人以上の来客数を持つ伝統的なイベントや、近隣では七〇万人に達する土浦の全国花火競技大会がある。これらにははるかに及ばないものの、前述のまつりつくばの集客力は、それらに次いで第九位の集客力

表 6-4　茨城県内主要イベント等入込客数（単位：人、%）

イベント名	市町村名	入込客数（震災前）	入込客数（震災後）	震災後の増減率	期間（2009 年時）
水戸の梅まつり	水戸市	1,053,000	540,300	－48.7	2/20～3/31
水戸黄門まつり	水戸市	992,000	956,000	－3.6	8/7～8/9、8/14
笠間の菊まつり	笠間市	824,000	809,000	－1.8	10/17～11/23
笠間稲荷初詣	笠間市	810,000	810,000	0.0	1/1～1/3
水郷潮来あやめまつり	潮来市	804,500	726,000	－9.8	5/23～6/28
全国花火競技大会	土浦市	700,000	550,000	－21.4	10/3
鹿島神宮初詣	鹿嶋市	700,000	650,000	－7.1	1/1～1/3
日立さくらまつり	日立市	472,000	152,000	－67.8	4/1～4/20
まつりつくば	つくば市	470,000	450,000	－4.3	8/29～8/30
石岡のおまつり	石岡市	420,000	370,000	－11.9	9/19～9/21
古河花火大会	古河市	350,000	550,000	57.1	8/1
陶炎祭	笠間市	302,500	468,000	54.7	4/29～5/5
土浦キララまつり	土浦市	250,000	160,000	－36.0	8/1～8/2
牛久かっぱ祭り	牛久市	240,000	230,000	－4.2	7/25～7/26
鹿嶋市花火大会	鹿嶋市	230,000	180,000	－21.7	8/29
大宝八幡宮初詣	下妻市	225,000	200,000	－11.1	1/1～1/3
古河桃まつり	古河市	220,000	160,000	－27.3	3/20～4/5
村松虚空蔵尊初詣	東海村	200,000	190,000	－5.0	1/1～1/3
筑波山梅まつり	つくば市	180,000	150,000	－16.7	2/20～3/22
つくばフェスティバル	つくば市	120,000	－	－	5/9～5/10

（出所）　茨城県商工労働部『観光客動態調査報告』2009 年、2013 年版より作成

（注）　1. つくば市のイベント以外は 2009 年時点で入込客数 20 万人以上を記録したイベントをリストアップした。

2. 入込客数（震災前）: 2009 年、入込客数（震災前）: 2013 年のデータ。

3. 増減率 : 2009 年を基準とした 2013 年の増減率（マイナスは減少を示す）。

4. つくばフェスティバルの 2013 年は 10 万人以下のため未記載。

を持つまでに成長するにいたっていることがわかる。また、筑波山梅まつりも二〇万人規模のイベントに迫る規模であることも注目されよう。

さらに震災後の変化に着目すれば、（二〇一二年時点では）古河花火大会、笠間の陶炎祭といった一部の例外を除き、茨城県内のほぼすべてのイベントが入込客数を減少させることになったことがわかる。なかでも県央・県北に位置する水戸の梅まつりと日立のさくらまつりは、震災前の半減あるいは七割減と大幅な減少に陥った。これに対して筑波山梅まつりは、その

表6-5　茨城県内・主要地域別観光客動態数（2010年度）

市町村名	茨城県	つくば市	水戸市	土浦市	笠間市	ひたちなか市	大洗町
入込観光客合計（千人）	44,767	3,542	3,367	1,385	3,281	3,478	5,545
日帰り客（%）	84	88	71	72	92	88	79
宿泊客（%）	16	12	29	28	8	12	21
県外客（%）	46	64	47	43	46	39	62
県内客（%）	54	36	53	57	54	61	38
鉄道・定期バス（%）	8	32	22	19	4	3	2
貸切バス（%）	6	6	6	15	11	5	17
自家用車・その他（%）	85	62	72	67	85	92	82

（出所）　茨城県商工労働部『観光客動態調査報告』2010年版より作成

ような大幅な減少を回避し得たことがうかがえる。
また、まつりつくばに関しても、土浦のキララまつり（三六％減）や全国花火競技大会（二一％減）と比べて、四％減と比較的軽微な減少にとどまった。その意味で、二つとも、つくば地域を代表するイベントとして、震災前規模への集客力の早い時期での回復を期待することができよう。

次に、茨城県における観光客の入込客数を、震災前の時点で、主要地域別に見ると表6-5のようになる。そこに明らかなように、つくば市を訪れる観光客数は、大洗町に次いで第二位の規模に達している。また同表から、つくば市の場合、①日帰り客がほとんどであること、②他地域と比べ相対的に県外客が多いこと、③同じく交通手段としては鉄道・定期バスの利用が多いという特徴を指摘することができる。以上の特徴は、つくば市の観光スポットが、大都市東京圏に比較的近いこと、また公共交通機関を利用してアクセスしやすい利点を反映したものと見ることができる。

さらにつくば市を訪れる観光客数を時系列で見ると、図6-7のようになる。それによれば、TXが開通した二〇〇五年にかけて、その数が増大したものの、それ以降は横ばいか減少に転じていることがわかる。このことは、従来の交通機関利用からTXへの代替が進む過程で観光客が増大したものの、たんにTX効果のみに依存する形では、

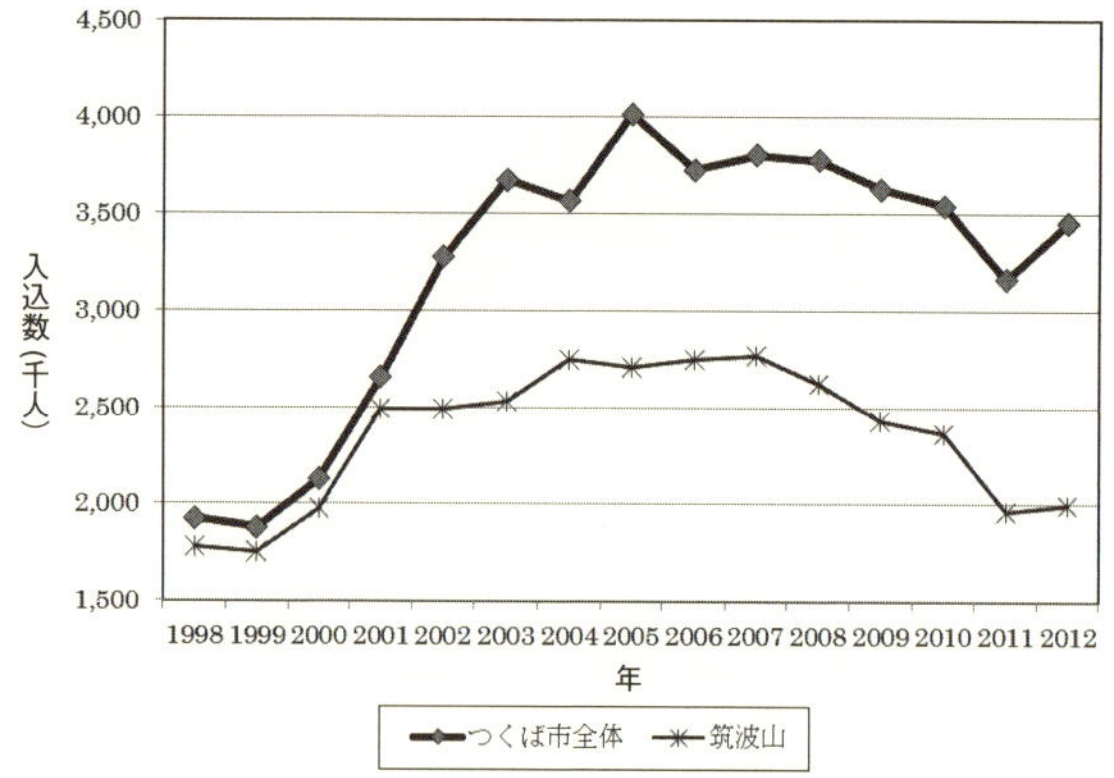

図 6-7　つくば市における観光客入込数の推移（単位：千人）

（出所）　つくば市『統計つくば』2013 年版より作成
（注）　1.　2010 年までは年度（4 月～ 3 月）集計値。
2.　2011 年より年（1 月～ 12 月）集計に変更。

さらなる観光客の増大はのぞめないことを示唆していると見ることができる。

また、同図からは、二〇〇二年以降、つくば市全体と筑波山との観光客数の乖離が顕著になったことが見てとれる。これは同年以降、筑波山への観光客が伸び悩むなかで、それ以外の観光施設への訪問客数が増大したことを反映したものと思われる。

もしそれが事実だとすれば、筑波山およびその周辺地域の経済にとって、筑波山のみを観光資源とした場合に比べて、前述のようにサイエンス施設群がもう一つの観光資源となっていることが、前者の集客力を補完するという意味において重要な役割を担っていると見ることができよう。

（三）　多種多様な農業の展開

さらに、筑波山周辺の地域経済をとらえるうえで見落とせない第三の特徴として、地域の特性をいかした多種多様な農業の存在を指摘することができる。なお、つくば市の就業構造を見た場合、第一次産業従業者は五％を割り込んでいる点については先に指摘した。しかしながら、このことは同地域における農業が停滞していることを意味しない。

表 6-6　茨城県における米の産出額（単位：千万円）

順　位	市町村	産出額
1	筑西市	743
2	稲敷市	710
3	つくば市	468
4	常総市	428
5	水戸市	408

（出所）　つくば市『統計つくば』2013 年版より
（注）　数値は 2006 年時点（2007 年以降、「茨城農林水産統計」に市単位のデータが未記載となったため）。

まず、つくば市は茨城県有数の米作地域の一つであり、その産出額は、二〇〇六年時点で、表6‐6のように筑西市、稲敷市に次ぐ位置にある。[12]とくに筑波山麓の北条地区で作られる「北条米」は、昭和初期には皇室への献上米となり、現在でもブランド米として知られている。

さらに、米作だけではなく、天然芝に関しては、「つくばグリーン」の銘柄をはじめとして、日本一の作付面積と生産高を有している。こうしたことから、表6‐7のように、芝の生産を含む花卉類の生産額に関しては、つくば市が茨城県トップの座を占めるにいたっている。また、旧茎崎地区を中心に栽培されているネギに関しても、一九九六年に「茨城県青果物銘柄産地」の指定を受けるなど、「つくばネギ」は、「ばんどうネギ」とともに県内有数の産地銘柄となっている。[13]

以上に加えて、二〇〇〇年以降の比較的新しい農作物として、ブルーベリーの栽培に着目することができる。筑波山周辺地域での栽培は、その歴史を遡れば、筑波大学の開学当初、同大学農林技術センターに苗が定植され、栽培研究が開始されたのが出発といえる。その後、つくば市が芝の転作品目としてブルーベリーに着目し、一九九九年には栽培面積の増加を目的としたブルーベリーモデル圃場設置事業を開始するなかで、生産者が増加していった。

その結果、同市は、小平市（東京都）、北杜市（山梨県）とともに「日本三大ブルーベリーの地」と呼ばれるようになった。近年、茨城県内では、

表6-7　茨城県における花卉の産出額（単位：千万円）

順　位	市町村	産出額
1	つくば市	277
2	神栖市	156
3	土浦市	96
4	石岡市	83
4	筑西市	83

（出所）　つくば市『統計つくば』2013年版より
（注）　1. 数値は2006年時点。
　　　　2. 花卉の中には芝が含まれる。

かすみがうら市に作付面積、収穫高では抜かれることになったが、有数の産地であることには変わりがない。また、つくばの場合は、摘み取り園式の栽培が積極的に手がけられ、観光スポット（観光果樹園）としての側面を持つことも特徴といえよう。

およそ以上のように、地域的に単一作物に特化し、その量産化を追求するというよりは、むしろ多種多様な農業を展開しているのが、この地域の特徴といえる。そしてこうした特徴は、地域経済の発展という観点から見た場合、二つの点で重要といえる。

一つは、先に着目した地域内の第三次産業の発展と、それに伴う就業者の増大と結びつくことで持続的な発展が期待されるということである。つまり、研究学園都市に在住する人々＝「新住民」・「新々住民」を一大消費者群として、いわゆる地産地消に適合した農業の発展をはかりうるポテンシャルを内包している。

もう一つは、前述のように地域ブランド力のある農産品等が複数存在し、それが今後、幅広い「評判の形成」へとつながっていくならば、域外から広く需要を呼び込むことによる地域の活性化が期待されるということである。この点を考えるうえで、つくば市にある「みずほの村市場」は、一つの事例として注目することができる。

同市場は、地元農業法人に加盟する農家が生産する約百種類に及ぶ野菜を扱う直売所である。そこで販売される地元野菜の価格は、近隣スーパーなどの価格より二～三割ほど高い。それにもかかわらず、味と新鮮さに対する評判が形成され、地元客だけではなく東京や神奈川などの域外から多くの客が訪れることで知られている。近年、その来訪客数は、筑波山梅まつりの入込数を超える年間二五万人にのぼる。

このように、みずほの村市場は、一九九〇年の発足から二〇年以上にわたって持続的な成長をとげ、売上高は、つくば市内にある主力の一店だけで年間約七億円に達している。(14) これは、地域内の農業が評判を形成することで、域内のみならず域外からも広く需要を呼び込むことにつながり、地域の活性化に貢献しうる可能性を示唆する事例といえよう。

三　筑波山および周辺地域の持続的な経済活性化

(一)　二つの発展軸

以上、筑波山および周辺地域の経済構造とその特徴について見てきた。以下では、それらを念頭に置き、さらに他地域の経済活性化の事例にも一部言及しつつ、持続的な地域経済の発展について考察することにしたい。

まず、第二節で指摘した特徴を踏まえるならば、筑波山とその周辺地域は、二つの発展軸を持っていることがわかる。一つは研究・教育機関の集積を起点とした発展であり、もう一つは、筑波山とその周辺の観光資源を起点としたそれである。

このうち前者については、〈研究学園都市の形成による研究・教育機関の集積→研究開発型企業の集積→研究・教育関連のサービスビジネスの展開→商業・飲食店の発展〉という連関としてとらえることができる。

さらに、一九九〇年代末以降は、既存の研究開発型企業の進出に加え、大学発あるいは研究機関発のベンチャー企業の創業が見られ、前記発展軸に厚みが増す可能性が出てきている。また、研究・教育関連のサービスビジネスの展開に関しても、大学および研究機関にとどまらず、「新住民」や「新々住民」さらには学園都市周辺農村部の子供を対象とした学習塾などの教育ビジネスの展開が拡大しつつあることもつけ加える必要がある。

一方、後者の観光資源を起点とした発展に関しては、滋賀県長浜の戦略的なまちづくりが示唆に富んでいる。長浜におけるまちづくりの革新は、一九八〇年代から始まったとされるが、一九八〇年代末の来街者数が年間約一〇万人であったのに対して、一九九〇年代中ごろには一〇〇万人を突破し、さらに二〇一一年には二四四万人へと達した。その後、二〇一二年から二〇一三年にかけて、一八七万人から一六四万人へと減少しつつあるものの、依然として高い集客力を持続しているといえよう。もっともここでは、その規模に着目したいわけではない。

ここでは長浜が、①歴史的建造物としての黒壁を中心とした商店街開発と北国街道といった観光資源を活用したこと、②そうした観光スポットに大都市圏（大阪、京都、神戸）から「安（い）・近（い）・短（い）」志向の観光客を呼び込むうえで、ＪＲ北陸線新快速の長浜駅直通化が大きく貢献している点に着目したい。

このうち①に関しては、筑波山周辺地域においても、有数の観光資源である筑波山とともに、その近辺には平沢官衙遺跡をはじめとした歴史的遺跡が点在する。さらに、北条地区では、ＮＰＯによる蔵の再生などを起点とした商店街の再活性化が取り組まれつつある。また、②に関しても、ＴＸの開通と筑波山への定期バスの連結が、そうした観光スポットに大都市東京圏から「安・近・短」志向の多くの観光客を呼び込む可能性を持っていると思われる。

（二）　複数の発展軸による地域経済の「頑健さ」

以上に加えて、筑波山およびその周辺地域が、地域経済の発展において二つの軸を持っているということは、地域経済の「頑健さ」という側面からも重要といえる。

ここで地域経済の頑健さ（robustness）とは、好不況といった景気変動や大震災など外部環境が変化する過程でさまざまな逆境に遭遇することがあっても、地域全体としては経済活力あるいは域内雇用を急激かつ大幅に減少させないこと、あるいは短期的に減少させても長期的にはそれを回復させる力を持つことを意味する(15)。

一つの発展軸にのみ依存する場合は、外部環境の変化を受けて当該産業部門が停滞ないし衰退局面に入ると、地域はその影響をストレートに受けかねない。これに対して、もう一つの発展軸があれば、そうした影響を緩和することが可能なこともありうる。

二つの発展軸のうち、筑波山とその周辺の観光資源を起点とするそれは、好不況によって観光客の入込に変動が予想される。これに対して、研究・教育機関の集積を起点とした地域発展に関しては、相対的に景気変動の影響を受けにくいという利点を持つといえなくもない。

しかしながらその一方で、先にも指摘したように研究所の撤退が増加したり、TX沿線の他地域に同様の学園都市やサイエンスパークが設立されたりすれば、研究学園都市地域は、それらとの地域間競争に直面する可能性がある。それゆえ二つの発展軸を持つということは、外部環境の変化による影響を相互に緩和するうえで、今後も重要な意味を持つと見られる。

また、頑健さという点では、筑波山とその周辺農村部に存在する自然的および歴史的観光資源と、学園都市部に存在する先端科学の展示・体験施設群という二つの相異なる有力観光資源を持つということも重要である。それと同様に、主要イベントに関しても、筑波山梅まつりに代表される筑波山麓に関連した催事と、まつりつくば等のような研究学園都市エリアで開催されるものの二つを持つことも、地域の強みとなる。

そしてこの点は、東日本大震災後の状況においても、重要な意味を持ったということができる。すなわち、筑波山梅まつりの観光客は、震災前に比べ震災後に一七％減少したのに対して、まつりつくばは四％の減少にとどまった（表6-4）。また、つくば市への観光客の推移を見た場合にも、二〇一一年に筑波山への観光客が大幅に減少し、翌年もほぼ同じ水準にとどまったのに対して、つくば市全体に関しては、二〇一一年に大きく減少するものの、翌年には震災前の二〇一〇年に肉薄する水準へと回復している（図6-7）。

つまり、つくば地域全体でとらえた場合、前者（筑波山関係）のみでは大きく減少したであろう震災の影響＝外部環境の大変化を、後者（研究学園エリア）の存在によって緩和し得たとみることができる。

以上の点に加え、前述の通り筑波山への観光客がおもに東京圏からの日帰り客であるのに対して、サイエンスツアーは首都圏に限らない全国からの利用客である点も、多様性という点で注目できよう。さらに農業の特徴のところで触れたように、地域内にブルーベリーなどの観光果樹園が多く存在することや、域外からも広く知られるにいたった農産物直売所が存在することも、前述の観光資源とあわせて重視する必要がある。

つまり、そうした相異なる有力資源が複数あれば、例えば筑波山登山者が、次は筑波山周辺あるいは研究施設の見学者となる可能性もある。逆に研究施設の見学者や、観光農園や直売所を訪れた客が、次は筑波山あるいは同周辺施設を訪ねるといったように、外部から観光客を呼び込む場合に、「リピーターの獲得」にも貢献することになりうる。言い換えれば、そうした複数の有力資源を前提に、リピーター獲得の仕組み作りが、持続的な地域経済の発展にとって今後ますます重要となると考えられる。

むすびにかえて―「筑波」と「つくば」の地域的連携の重要性―

最後に、持続的な地域経済の発展をはかるうえで、そうした域外者とともに研究学園都市部に住む「新住民」・「新々住民」の存在に改めて着目することが重要といえる。この点で参考になるのは、アメリカテキサス州オースティンのケースであろう。

同都市は、「テクノロジー関連の企業を設立し富を創造するのに最も適した地域」として、あるいは大学発のベンチャーの創業に積極的な産業クラスター戦略のモデル地域として知られている。それとともに、シリコンバレー（サンフランシスコ）、リサーチトライアングルパーク（ノースカロライナ）、ルート一二八（ボストン）等自然発生的な産業クラスターとは異なり、政策的に形成された産業集積地であるという点で、筑波研究学園都市と似た側面を持つといえる。[16]

ただし、ここでは共通の側面を指摘することが主眼ではなく、むしろオースティンでは、そうした戦略産業に携わる人々およびその家族が、同地域において豊かに生活しうる環境が整備されている点に着目したい。すなわち、オースティンの住民は、先端産業の従事者であると同時に、「憩い」を求めるサービス需要者としての側面を持ち、そうした域内需要に応えることも地域の発展につながっているという点である。

そこで改めて、筑波研究学園都市にある研究機関およびそこに従事する研究者数に着目すると、表6-8のようになる。そこに見られるように、この研究学園都市には、約八二〇〇人もの博士号取得者が在住しており、三〇〇近い機関に約一万五千人もの研究者と、五千人にのぼる外国人研究者がいる。

また、筑波大学だけを取り上げてみても、二〇一三年五月時点において、学生が約一万六四〇〇人（うち学部生九八〇〇人、大学院生六六〇〇人）在籍する。これに教員二五〇〇人と事務職員二二〇〇人を加えると、合計で約二万一一〇〇人となる。[17] さらに教職員の場合には、これに家族が加わるわけで、筑波大学関係だけでも「新住民」・「新々住民」の一大集積地といえる。

また、前記学生の中には、一〇二カ国・地域からの留学生約一七〇〇人（学部生、大学院生、研究生の合計、二〇一三年五月時点）が含まれることも、将来、筑波山およびその周辺地域の魅力を世界に発信してくれる存在として重要である。同様に、二千人以上に及ぶ学部学生が毎年卒業し、全国各地に散っていくことになる。

そうした多様な学生に、その在学中に筑波山およびその周辺地域の魅力を知ってもらい、そして楽しんでもら

表 6-8　筑波研究学園都市の研究者数（2011 年 1 月時点、単位：人）

	機関数	研究者数		外国人研究者等数	博士号取得者数	
		正規職員	非正規職員		正規職員	非正規職員
国の機関等	34	8,103	3,442	5,019	5,580	1,280
県の機関・公益団体等	33	347	208	23	84	66
民間企業等	245	2,772	308	36	1,211	22
合　計	312	11,222	3,958	5,078	6,875	1,368

（出所）筑波研究学園都市交流協議会『筑波研究学園都市立地機関概要調査報告書』2011 年および同『筑波研究学園都市外国人研究者等調査報告書』2011 年より作成

（注）1. 機関数：調査に対し回答があった機関の合計。
2. 国の機関等：国立機関・研究所、独立行政法人、国立学校法人等。
3. 県の機関・公益団体等：茨城県の機関、公益法人、学校法人等。
4. 民間企業等：筑波研究学園都市に立地する研究独法・大学の研究者等が設立した「ベンチャー企業」を含む。
5. 外国人研究者等数：2 週間以上滞在の外国人研究者・教育者、留学生および研修者ほかの合計。

うことは、長期的な視点で見ても重要といえよう。彼らの多くが、卒業後もリピーターとして、しかもたんに本人だけでなく家族を伴う形で、つくば地域を幾度となく訪れてくれることになるか否かも、地域経済の発展を考えるうえで大きな要素になると思われるからである。

したがって、「新住民」・「新々住民」といわれる研究学園地区の域内者と、筑波山麓周辺のいわゆる「旧住民」とが密接に連携をはかっていくこと、あるいはそうした関係を拡大していくことは、今後の地域経済の展開にとって不可欠であるといえよう。すなわち、筑波山およびその周辺農村地区は、「新住民」・「新々住民」に対して「憩いの空間」や多種多様な農産物を提供する拠点として重要な存在となりうる。一方、研究学園地区は、「旧住民」に対して都市的利便性や新たな雇用などを提供するといった関係を深化させていくことが重要である。

この点で残念ながら、例えば筑波大学生を見た場合、自分の専攻する研究分野だけでなく、余暇の時間に身近な筑波山およびその周辺、あるいはそこで取れる農産物に関心を持つ者は、必ずしも多いとはいえないのが現状である[18]。

このことは見方を変えれば、彼らや外国から訪れる研究者・留学生も含めて、当地に居住する「新住民」や「新々住民」に対して、今後、「筑波山とその周辺について学ぶ」あるいは「筑波山とその周辺に親しむ」さまざまな機会を提供することの重要性を示唆している。つまり彼らにそうした機会を積極的に提供することが、彼らがこの地域に興味を持ち、地域内で多くのつながりを形成する一助になるならば、そのことはこの地域の経済活性化にとっても大きな意味を持つことになるといえよう。

【注】

（1）三市の常住人口については、各市ホームページの表記による。なお直近の国勢調査結果（二〇一〇年一〇月一日現在の確定値）によれば、つくば市が二一万四千人に対して、土浦市は一四万四千人、水戸市は二六万九千人であった。

（2）二〇〇〇～二〇〇五年および二〇〇五～二〇一〇年の人口増減率の算出に当たっては、各年の国勢調査結果（確定値）を用いた。

（3）つくば市『つくば市産業振興マスタープラン』二〇〇八年、同『第二次つくば市産業振興マスタープラン』（参考資料）二〇一三年。

（4）ここで「新住民」・「新々住民」とは、筑波山とその周辺地域が研究学園都市として発展する過程で、新たに同地へ転入してきた人々をさす。さらに本文で述べたような急激な地域の構造変化は、漢字の「筑波」に対するひらがなの「つくば」といった地域認識をもたらすことになった。なお、本章は、そうした二つの区別あるいは地域認識が存在することを前提として、両者が連携することが持続的な地域経済の活性化にとって重要であると考える視点に立っている。

（5）ただし、後にも述べるように、つくば市の地域経済およびその活性化を考えるうえで、この就業比率の低さをもって、ただちに第一次産業、とくに農業が担う役割を軽視してよいということにはならない。

（6）また、二〇一一年度におけるつくば市内総生産額について見た場合も、第三次産業が八一％と圧倒的な比率を占めており、なかでもサービス業（二三％）と政府サービス生産者（二五％）の二つが高い比率を占めている点が特徴である（以上、つくば市『統計つくば』二〇一三年版より）。

（7）茨城県の企業数に関しては、前掲『第二次つくば市産業振興マスタープラン』による。なお理化学研究所に関しては、つくばの事業所発以外の企業も一部含むため、茨城県全体に占めるつくば地域ベンチャー企業の実際の比率は、若干下がると推測される。

(8) 前掲『つくば市産業振興マスタープラン』による。

(9) このためつくば市では、二〇〇四年度には、企業撤退対策ワーキングを立ち上げるなどの対応を迫られるにいたった。

(10) この点は、先に着目したベンチャー企業に関してもいえる。実際、前述の筑波大学発ベンチャーであるつくばウェルネスリサーチは、二〇一三年に、つくば市から柏市にある柏の葉キャンパスに本社を移転するにいたっている。

(11) 以上は、つくばサイエンスツアーオフィスに対する筆者の聞き取り調査（二〇一二年一一月）による。

(12) なお、表6-6および表6-7の産出額は、関東農政局「茨城農林水産統計」に依拠するものであるが、二〇〇七年以降は市町村別データの公表が掲載されなくなったため、ここでは二〇〇六年時点のデータで表示されている。

(13) 銘柄産地制度は、二〇〇四年に、青果物の取引形態や消費者のニーズ多様化に対応させる目的から指定要件等の改正が行われた。それ以降、この基準に沿って銘柄指定の見直しが進められ、二〇〇五年につくば市のネギが改めて指定を受けるにいたっている。

(14) 東洋経済「農業は川下から変わる」（『週刊東洋経済』二〇一二年七月二八日号）による。

(15) こうした地域経済の「頑健さ」に関しては、松島茂「産業構造の多様性と地域経済の〈頑健さ〉」（橘川武郎編『地域からの経済再生』有斐閣、二〇〇五年）を参照されたい。

(16) オースティン・モデルに関して、詳しくは西澤昭夫編『大学発のベンチャー企業とクラスター戦略』（学文社、二〇〇五年）を参照。

(17) 筑波大学『筑波大学概要（資料編）』二〇一三年度版による。なお教員の数値には、附属学校教員（五一二名）の人数も含まれているため、つくばキャンパスの数はこれより若干少ない。

(18) 筑波大学生の筑波山およびその周辺地域に関する関心度に関しては、ここ数年にわたり筆者が独自に行ってきたアンケート調査結果に基づいている。

第七章　筑波山麓地域における「まちづくり」の展開

―地域を編集するプロセスに関わる人々―

早川　公

はじめに

「ルネサンス」とは、一般に「復興・再生」を意味する芸術・文学運動をさす。それは、過去の時代に築かれた豊穣な文化が他文化やある時代の感性に触れて起こった運動という側面も持つ。一方、現代日本に目を向ければ、「まちづくり」（あるいは「地域づくり」）と呼ばれる地域社会の「復興・再生」の取り組みが各地で盛んである。とりわけ、二〇〇〇年代の「まちづくり」は、地域に存する自然、農産物、食事、そして歴史や伝統的建造物、景観、伝承や記憶、あるいは人をある種の資源ととらえ、それらを加工して現代社会に再び位置づけようとする。それは本書の舞台となる筑波山麓地域においても例外ではない。

本章では、筑波山麓地域がどのような「まちづくり」の文脈に置かれているのか、まず行政資料や各種刊行物を手がかりにその歴史的経緯を筑波町時代、つくば市合併後～つくばエクスプレス開通前、つくばエクスプレス開通後の三つに分けて概観する。そのうえで、当該地域での筆者のフィールドワークをもとに現在地域でアクティブに活動する団体を網羅的に取り上げ、それらを整理する。そして、その個別の活動から筑波山麓における「まちづくり」の特徴の分析を試みる。

一　筑波山麓地域の「まちづくり」の展開

（一）筑波町時代（合併以前）

筑波山麓地域は旧筑波町に含まれる地域である。旧筑波町は、旧市町村区分では、筑波町（以下、混乱を避

図 7-1　つくば市の旧市町村区分
（出所）　日本地図センター（1997：5）

けるため「上筑波」と表記する）、北條町、田井村、小田村、田水山村、菅間村、作岡村の二町五カ村が昭和二八〜三二（一九五三〜五七）年にかけて合併してつくられた。そのうち、図7-1の点線が示す筑波山から南麓にかけた部分が筑波山麓地域と呼ばれている。

　合併直後から、筑波町は町の基本構想として次の三つを挙げた。一つ目は、筑波山観光の開発、二つ目は北条地区を中心とした商工業の振興、そして最後に桜川流域や筑波山麓一帯の土地改良・農業生産力の向上である。とくに筑波山観光の開発は内外から多くの期待を集め、町の事業もそれを中心に行われた。まず昭和二九（一九五四）年には戦時中に撤去されていたケーブルカーの再開通、昭和三三（一九五八）年には筑波駅から筑波山神社まで自家用車で行ける登山道路の整備、続いて昭和四〇（一九六五）年の自動車専用有料道路である筑波スカイラインの建設、それに付随してつつじヶ丘から女体山山頂までのロープウェーも同年八月に開通した（写真7-1）。また昭和四一（一九六六）年には筑波山中腹の荒地を開墾して梅林を造成し、毎年二月から三月にかけて筑波山梅まつりを開催している。さらに昭和四四

写真 7-1　関東鉄道筑波沿線案内（昭和 56 年）© 関東鉄道

（一九六九）年に筑波山一帯が「水郷筑波国定公園」に指定されると、筑波山観光はピークを迎えた。昭和三三（一九五八）年に五六万人［木村一九五九：三三三］であった登山客は昭和四四（一九六九）年には一五六万人となり、さらに昭和五八（一九八三）年には二〇〇万人を超えた［筑波町一九九〇：六一二〜六一三］。ただし、季節による観光客数の変動や観光地として滞留する場所が少ないこと、あるいは神社門前町における観光客応待の問題は繰り返し指摘されていたが、改善が進まず、それ以降、入込客数は横ばいから減少傾向となっている。

一方、商業振興の面で中心となった北条地区では、戦後一貫して増加傾向であった商工業の生産高が、昭和五〇（一九七五）年前後から落ち込み始めている。その原因には、モータリゼーションの進行に伴う消費者の商業集積地への流出や商店街渋滞への不満、「閉鎖的商法」「殿様商売」と揶揄されるサービスの問題が挙げられている［筑波町一九八三：一六六〜一六九、一九九〇：六〇六〜六六〇］。とくに消費者の町外への流出（購買力の流出率[1]）は昭和五一（一九七六）年の時点ですでに四八%に達していたが、一〇年後の昭和六一（一九八六）年には五七%まで増加している。またそれに併せて商店街の商店数や商店会員数も減り続け、近年はピーク時の半分以下となっている（表7-1）。

そのため北条地区では、活性化施策として、昭和五〇年代後半には

表 7-1　北条商店街における商店会員数と商店数の推移

西暦	和暦	商店会員数	商店数（概算）
1955	昭和30年	*125	230
1965	40年	*130	250
1975	50年	*120	200
1980	55年	109	190
1985	60年	95	180
1989	平成元年	90	140
1993	5 年	83	120
1998	10年	78	115
2003	15年	63	110
2008	20年	62	100
2011	23年	50	90

（＊は推計、商店会長と商工会職員への聞き取り、および『筑波町史　下巻』(H2. 3. 25) より筆者作成）

店舗の美化や品ぞろえを工夫する「近代化の努力」、駐車場の設置、小公園や広場の設置による商店街美観の促進、中規模小売店などの積極的な取り込み、商業祭などの積極的援助が打ち出されていた［筑波町 一九八三：一六八〜一六九］。しかしその後も商店街の衰退は止まらず、平成に入るとさらに加速し、空き店舗問題や人口減少、担い手の高齢化も指摘される。平成二四（二〇一二）年一二月におけるつくば市全体の人口は二一万六九三五人だが、筑波地区全体の人口が一万九六五九人（北条地区は三一五四人）で、その割合は約九％にとどまる。

（二）　つくば市合併後〜つくばエクスプレス開通前

平成九（一九八九）年、筑波町は谷田部町、桜村、豊里町、大穂町とともにつくば市に編入され、筑波町は「北部地区」となる。一九九〇年代に入ると、研究学園都市の建設に伴って移住してきた「新住民」と、もともと住んでいた「旧住民」の間のさまざまな「格差」が問題とされるようになった。平成四（一九九二）年発行の『つくば市北部地域開発構想策定調査』では、つくば市は二一世紀の新しいライフスタイルの方向性を示す実験都市として整備が進められてきたが、「ただし、これらの実験は『研究学園地区』という限られたエリアへの集中的投資という性格が強く、周辺地域との生活基盤の格差を浮き彫りにする結果も生じている」[2]と指摘されている。つまり、筑波研究学園都市の開発は、結果として中心としての学園地区と周辺地区との間に、経済的な格差や上水道の整備普及などの社会インフラにおける格差を生み出したのであり、報告書ではその改善をはかる必要があると指摘されている。山麓地域は、筑波研究学園都市の開発の恩恵をほとんど受けなかった。また、筑波山を有し、本来「筑波」を冠する地域であるとの意識も強く、合併まではその独自性を保持してきた。しかし、合併後は筑波研究学園都市とともに「つくば市」に組み込まれることによって、つくば市の中の筑波地区という位置づけを与えられた。平成三（一九九一）年の『つくば市総合計画』では、「科学技術の集積地としてのつくば市が、筑波の自然・風土と歴史に育まれて存在していることを認識[3]」する必要性が記されている。つまりここでは、筑波地区が持つ歴史性は、つくば市の一つの社会的要素とみなされている。

一九九〇年代には、筑波山および筑波山麓地域の社会像を構想する報告書が複数刊行された。そこでは、北部地区の将来像としていくつかの案が提示されている。周辺地域を含む筑波山は、おもにレクリエーション機能が期待され、ゴルフやキャンプ、スカイスポーツ等の観光リゾート開発が構想される［つくば市　一九九四］。また、筑波山麓および山裾地域では、遊休農地の活用としての体験農園やブルーベリーなどの市場付加価値の高い作物の栽培や、河川や湧水等の水辺の再生が描かれる［つくば市　一九九八］。さらに、平成一二（二〇〇〇）年には、ここまでの調査報告書を統合した「筑波山麓田園博物館」が構想されるなど、各種報告書が相次いで刊行された［つくば市　二〇〇〇］。ただし、これらの報告書に記載された事業計画は、今日の筑波山麓地域の「まちづくり」につながる意識も見られるが、現実に実施された事業は部分的なものにとどまっている。ただし一方で、国や市とは異なるローカル／個人レベルでの「まちづくり」の取り組みの萌芽が見られるのもこの時期である（次節で詳述）。

（三）　つくばエクスプレス開通後

「常磐新線」あるいは「第二常磐線」として開発が計画された新鉄道路線は、平成一三（二〇〇一）年に名称が「つくばエクスプレス（以下、「TX」）」に決定した。そして、それに伴い、首都圏住民の移住を見込んで住宅地や商業施設などの沿線開発が加速した。新設された各駅のまわりにはモデルハウスが整然と並び、また中～大規模のショッピングモールが大手デベロッパーの資本によって次々とオープンした。それだけでなく、TXの開通は都心からつくば市（筑波山）への観光客を誘引する契機になるのではとも期待されるようになった。

そして、このころから「旧住民」と「新住民」にかわって使用されるようになった区分的表現が「筑波（漢字の筑波）」と「つくば（ひらがなのつくば）」である。この表現は、合併によって「つくば市」が誕生したときからあったと思われるが、公的な報告書にも見られるようになるのは一九九〇年代後半に入ってからである。例えば、平成一〇（一九九八）年にまとめられた筑波山麓地域の周辺整備計画報告書の中には、「ひらがなつくばと漢字の筑波に開きを感じる。つくばは科学技術。筑波地域は漢字の筑波にこだわる」［つくば市　一九九八：一六七］という住民の発言が記されている。この住民の「声」からもわかるように、このころには「つくば」と「筑波」の経済的な格差が「開き」と表現されている。一方で、報告書には「筑波研究学園都市は姿のみえない町。しかし、農村はいい」［つくば市　一九九八：一六八］というように、前述の発言とは対照的に開発によって生じた都市を否定的にとらえようとする語りも見られる。

「旧住民」と「新住民」が、属人的な区分であるのに対し、「筑波」と「つくば」は空間的な区分である。「筑波」は、筑波山および筑波山麓地域をおもに示し、農村や里山、神社や古民家などの歴史的建造物や街並みを要素とする。一方、「つくば」は研究学園地区と、その中の研究施設や計画された街並みを意味している。つまり、「筑波」は田園（風景）と過去（歴史）性を示標し、「つくば」は都市（風景）と未来性を持つものとして現れる。すなわち、この「筑波／つくば」という関係は、空間的な境界であるだけでなく、いわゆる文化的境界もさし示している。研究学園都市建設期に否定的に語られ、周辺化せざるを得なかった「筑波」は、合併を契機として「つくば」の中で再び価値を見出される。それは、「ふるさと」が消費の対象として差異化をはかるために個別独自性を模索した同時期の「まちづくり」のマクロな潮流と相関関係にある。(4) そして、この「つくば」と「筑波」の関係を考察するための手がかりになる概念が、「つくばスタイル」である。

「つくばスタイル」は、TX沿線開発の事業者である茨城県、つくば市、UR都市機構を中心として、筑波大学（おもに芸術専攻）や市内のまちづくりコンサルタント、さらには大手広告代理店や出版社を巻き込んでつくられた都市のキャッチコピーである。このキャッチコピーは、沿線開発による宅地販売をおもな目的として、たんにつくば市をPRするだけでなく、そこでのライフスタイルを想起させ、新たな生活の場を印象づけるものとして考案された。「つくばスタイル」は、上記の組織によって構成された「つくばスタイル協議会」によって以下のように定義されている。(5)

自然が豊かな街、あるいは都市機能が充実している街は探せば日本中にいくつもあります。しかし、つくばエリアのように〈都市〉〈自然〉〈知〉がバランスよく融合し調和した場所はそうそうあるものではありません。
つくばスタイル。それは、そんな魅力あふれる「つくばエリア」だからこそ手にすることが出来る素敵なライフスタイルのこと。

ここで述べられている「都市」「自然」「知」が「つくばスタイル」の三つの軸である。これまでの「つくば」が、「知」をおもな特徴としていたのに対し、TX開通を契機とした東京への利便性と、新たなライフスタイルとしての自然が加えられているのが異なる点である。この「つくばスタイル」のイメージは、「つくばスタイル協議会」

写真7-2　『つくばスタイル』表紙（9号および11号）©枻出版社

のウェブや、そこで発行される紙媒体の広報宣伝のほか、ライフスタイルムック誌[6]『つくばスタイル』を通じて流通される。とりわけムック誌の『つくばスタイル』は、たんにイメージ雑誌としてだけではなく、レストランの紹介やイベントの案内も兼ねた地域の総合情報紙の役割も果たしており、イメージの流通に一役買っている（写真7-2）。

「つくばスタイル」（雑誌の『つくばスタイル』も含む）は、広告戦略的に都心の住宅購入予定者へ向けた新たなライフスタイルを提案する役割を期待された。しかし一方で、それは別の意味も持つことになった。「つくばスタイル」において、従来対比的に語られてきた「つくば」と「筑波」は、「つくばスタイル」を構成するものとして一括りで表象される。例えば、写真7-2に見られる「すぐ近くの里山生活」は、通常の都心から大きく離れなければ実現できない里山生活が、つくばでは気軽にできることを特集するものである。この特集では、「里山に住む＝移住すること」が必ずしも推奨されているわけではない。むしろそこでは、里山は「つくば」と「筑波」を包含する《つくば》（以下、従来の「つくば」と区別するために《つくば》と表記する）の一つの特徴的な「文化」であり、知的で都市的な日常に里山が象徴するエコロジカルな生活を「取り入れる」

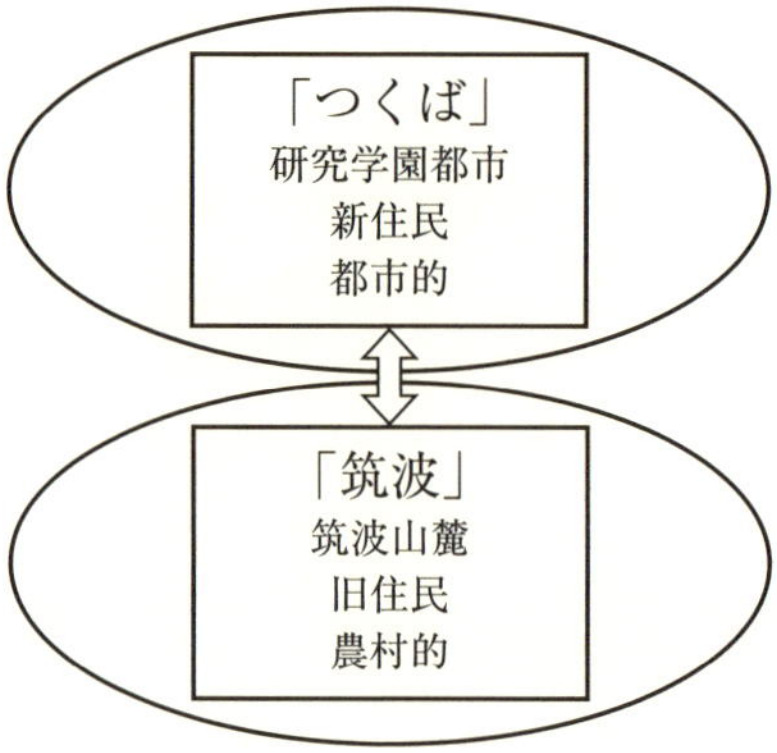

図 7-2　都市整備期までの「つくば」と「筑波」

ことができる点が「つくばならでは」と表現される。つまり、「つくばスタイル」が表象するレベルにおいて、「筑波」は《つくば》が特徴とするライフスタイルを構成する要素の一つとなる。

以上の「つくば」と「筑波」の関係を図式化したのが、図7-2および7-3である。筑波研究学園都市の都市建設期から都市整備期において、「つくば」と「筑波」は認識論的に対立項である。開発が進む「つくば」には移住者が住み着く一方で、「筑波」は開発がほとんどなされず、移住者も微少にとどまった。都市的ライフスタイルが憧れのものであったこの時期は、「つくば」は先進的であり、対する「筑波」は田舎で後進的であるとみなされた。つまり、その対立的関係は優劣の価値づけを伴うものであったといえる。しかし、都市発展期に入ると、その関係に変容が見られる。ＴＸの開通によって、つくばは空間的に都心と結びつく。都内に向かう交通手段は、高速バスのようにそれ以前にも存在したが、鉄道の開通は「東京」との認識論的なつながりを強化した。いわば、ＴＸは「東京」とのつながりの象徴的存在である。さらに、「つくばスタイル」は、つくばという地域社会に外部からのまなざしを向ける。それは、つくばに対する「東京」からの視線である。つくばの人々は、その「東京」からのまなざしを通じて、「つくば」と「筑波」の混在する自身の住む世界を《つくば》として客体化する機会を与えられる。た

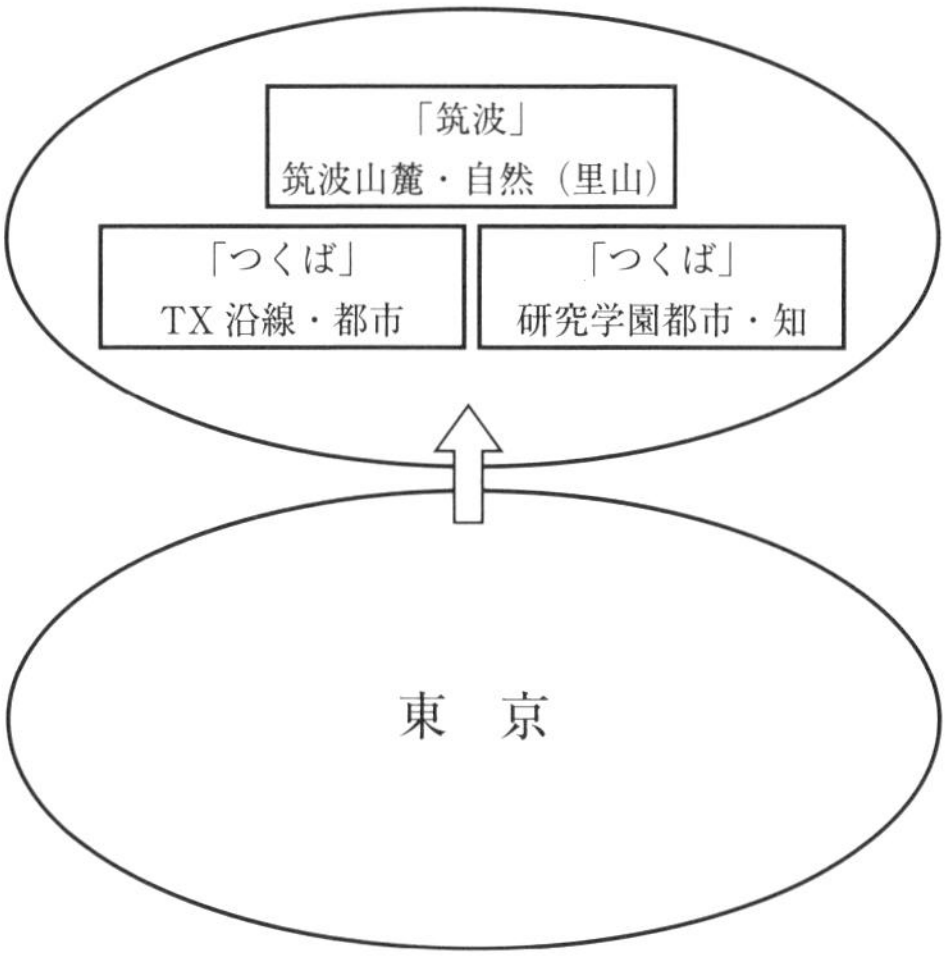

図 7-3　都市発展期における《つくば》

だし、「東京」からのまなざしは、従来「つくば」と「筑波」の間にあった認識論的な優劣の位階差を塗りつぶしてしまう。それゆえ、「つくばスタイル」では、「つくば」と「筑波」は等価的であるかのように表象される。したがって、「つくばスタイル」は、「知」と「都市」と「自然（里山）」に特徴づけられる空間の表象であり、それらが同一空間に折り重なる社会像を言説的に構築しているのである。

二　「まちづくり団体」の勃興とその実態

研究学園都市開発とその流れに位置するＴＸ開通は、筑波山麓地域を「豊かな自然」「古き良き伝統」「懐かしさ」を残す空間として《つくば》のイメージの中へ取り込む。それと並行して、地域住民や地域外の人々・組織が二〇〇〇年代より「まちづくり」活動を活発に展開しはじめる。本節では、意識的に地域を対象化し活動している団体を「まちづくり団体」と定義し、筑波山麓地域における「まちづくり」の実態把握を試みる。

（一）　筑波山麓地域の「まちづくり団体」

筆者のこれまでの調査より、筑波山麓地域において「まちづくり団体」は一八団体あり(7)（二〇一四年四月時点）、またそこに行政や大学等の組織が関与している。それを活動地域ごとに分けると、図7-4の通りとなる。以下では、各「まちづくり団体」についてその概要を記述する。

筑波（上筑波）地区

筑波山と筑波山神社を地区内に含む上筑波地区は、筑波山神社の位置する地区である。筑波町時代より観光の中心地であり、旧筑波鉄道「筑波」駅は廃線後の現在もTXつくば駅から来るバスが停まる。上筑波地区では、観光業従事者を中心に活動が展開されている。

① 筑波山神社

筑波山神社についての詳細は省くが、宗教法人として筑波山神社は現在、自らが積極的に「まちづくり」活動を展開しているわけではない。しかし一方で、筑波山麓地域づくり団体連絡協議会（後述）に参加し、敷地内でのイベント許可や伝統的祭礼である「御座替祭」を、「まちづくり」イベントのプログラムに掲載するなどの協力体制をとっている。

② 旅館組合青年部

筑波山の観光業では、古くから筑波山旅館組合と筑波山観光組合、山頂の売店組合という三つの組織が存在する。これらの団体は事業組合であり、まとまった形で「まちづくり」活動を行ったことは一九九〇年代までほぼなかった。しかし、二〇〇〇年代に筑波山門前町の現状改善の気運が高まると、組合の垣根を越えて活動を行う

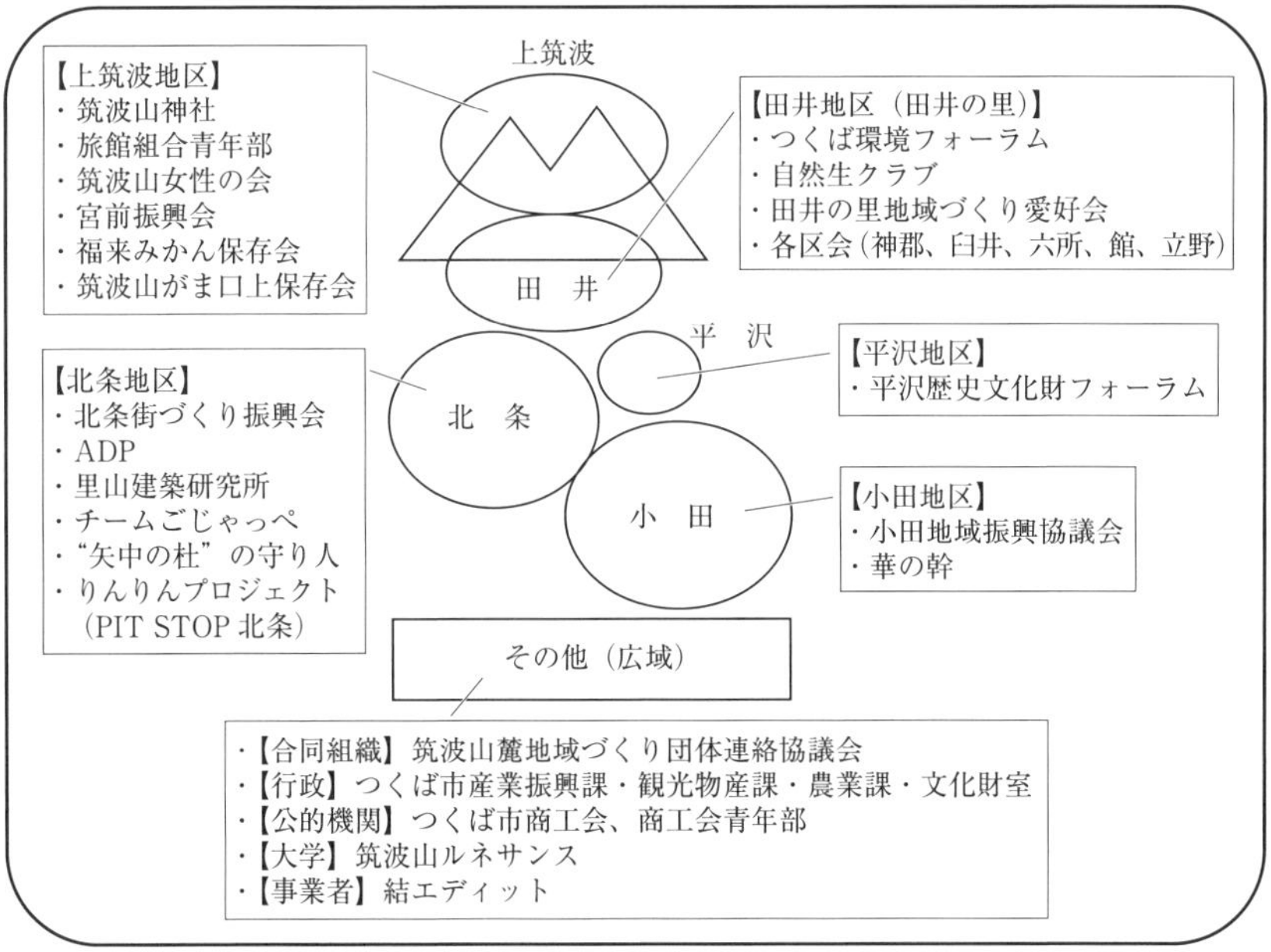

図 7-4　筑波山麓地域別「まちづくり団体」（筆者作成）

旅館組合青年部という組織が平成一五（二〇〇三）年に結成された。彼らは観光客の利便性の向上として地名の統一や、店舗の利害を超えた共通のお土産品の開発などを行った。平成二四（二〇一二）年には、筑波山のご当地キャラクター「つっぴー」の企画も行っている。

③　華の会（筑波山女性の会）・かみさん会

華の会（筑波山女性の会）は、旅館業の女将を中心とした会である。市の環境ワーキング活動として神社付近に鉢植えやプランターの設置を契機に活動が開始された。かみさん会（おかみさん会）は市の産業ワーキング活動から生まれた組織であり、景観だけでなく観光振興を意図した取り組みを行っている。近年は、二月から三月にかけて行政主導で実施される「筑波山梅まつり」の際、市の観光案内所に「つるし雛」の展示を企画している。

④　宮前振興会

宮前振興会は、筑波山神社周辺の旅館や土産店の関係者約三〇名で構成され、平成二二（二〇一〇）年に設立した団体である。地区の振興を目的として、ジャズコンサートの企画や市の観光コンベンション協会と連携した「おむすびコンテスト」などを実施している。

⑤　福来《ふくれ》みかん保存会

福来みかんは、筑波山麓を原産とする蜜柑の一種で「北限の蜜柑」とも呼ばれ、以前より皮を乾燥させて七味唐辛子の原料とされてきた。それが近年の農業振興の流れを受けて、果肉や果汁を用いたジャムや飲料などの加工品も販売されるようになっている。福来みかん保存会は、上筑波地区の住民を中心に平成一八（二〇〇六）年に結成された。現在は、当該地区でのイベントに合わせて苗木の販売などを行っている。

⑥　筑波山がま口上保存会

がま口上とは、筑波山の有名な土産物の一つである「がまの油」の売り口上であり、伝統的な大道芸の一種である。(8) 筑波山がま口上保存会（以下、「がま口上保存会」と表記する）は、このがま口上を伝え保存することを意図して平成七（一九九五）年に結成された。がま口上保存会では、がま口上師養成講座を企画しながら、筑波山麓地域や県内外でのイベントに出張し、がま口上の普及と認知を図っている。

田井地区（田井の里）

筑波山の裾野に位置する田井地区は、山に囲まれた田園地帯と土蔵造りの家並みが特徴的な場所である。ここでは、TX開通以前より「環境」や「農業」に焦点を当てた取り組みが行われてきた。

写真 7-3　田井地区の家並み

⑦　つくば環境フォーラム

つくば環境フォーラムは、筑波山や山麓の里山環境の保全を目的として平成一三（二〇〇一）年に設立された特定非営利活動法人（NPO）である。その活動の一つが田井地区における谷津田の再生であり、ほかにもオオムラサキの棲む里山づくりや環境教育、山麓地域情報誌「すそみろく」の発行、行政受託の自然調査事業など、具体的で取り組む領域も広い。田井地区での活動も長く、地域一帯のイベントである「筑波山麓秋祭り」にも参加している。

⑧　自然生クラブ

自然生クラブは、知的ハンディキャップのある人々と共同生活をしながら有機農業を中心とした活動に取り組む団体として平成二（一九九〇）年に設立され、平成一三（二〇〇一）年にNPOとなった。農業を中心とした障碍者の就労支援のほか、そこから生まれた感性を太鼓や踊り、絵画等で表現する活動（ディファレント・アート）を展開している。また、「筑波山麓秋祭り」時にも毎年参加している。

⑨　田井の里地域づくり愛好会

田井の里地域づくり愛好会は、田井地区区長会を中心に平成二〇（二〇〇八）年に結成された。(9) 地区内の住民組織である六つの区会から有志の人々が参加して運営され、地区内の花壇の整備、ウォーキングのための古道復元、「筑波山麓秋祭り」でのイベント企画などを先述の団体と連携しながら行っている。

田井地区における二つのＮＰＯについて言及すると、彼ら／彼女らの多くは、おもに筑波研究学園都市の建設に伴い地域社会に移住してきた「新住民」であった。彼ら／彼女らは、農村的景観の都市資源としての価値を明確に意識して、「まちづくり」活動に取り組んでいた。(10) 彼ら／彼女らのこうした取り組みは、自身の住む地域を対象化し、それを現代の社会的文脈に置き換えようとする「ローカルなまちづくり」のつくば市におけるさきがけといえる。

平沢地区

平沢地区は、山間に田園の広がる小さな集落だが、奈良・平安時代の役所跡であり国指定文化財でもある「平沢官衙遺跡」が存在する。平沢地区の「まちづくり」活動は、この平沢官衙遺跡を中心として行われている。

⑩　平沢歴史文化財フォーラム

つくば市による平沢官衙遺跡の復元整備事業が平成九（一九九七）年から本格的に始まると、それを契機に平成一二（二〇〇〇）年「平沢村の歴史を語り継ぐ会」が発足した。この会は平沢地区の住民約三五名が参加したが、地元住民が自身の地域を知るための勉強会という意味合いが強かった。その後、平沢官衙遺跡の復元整備事業が平成一五（二〇〇三）年に終了すると、遺跡の維持管理や来訪者への案内を目的とするＮＰＯ「平沢歴史文化財フォーラム」が設立された。平沢歴史文化財フォーラムは、指定管理者として平沢官衙遺跡の管理運営を行うほか、官衙で開催される市主催イベント「つくば物語」（写真7-4）の支援、平沢万灯夏祭り事業などを行っ

写真 7-4　平沢官衙でのイベントの様子

ている。

北条地区

北条地区は、前節で述べたように筑波町時代の中心地であり、唯一商店街のある地域である。筑波山神社へつながる江戸時代からの参詣道「つくば道」の起点（写真7-5）であり、街並みは明治～大正期に建てられた土蔵造りの店蔵が点在し昭和の面影を遺している。そのため、北条地区ではこの街並みや歴史を意識した取り組みが行われている。

⑪　北条街づくり振興会

北条地区では、衰退する商店街の活性化を目的として市および商工会が連携する「産業戦略ワーキンググループ構想」の下で、平成一六（二〇〇四）年に「北条郷ワーキンググループ（WG）」が地域の商工者をメンバーとして結成された。北条街づくり振興会は、この北条郷WGの活動を引き継ぎ、構成員を地域住民に拡大して平成一九（二〇〇七）年に結成された団体である。筑波大学と協働して事業を行い、地域交流・おもてなし拠点「北条ふれあい館」の開設と運営[11]、元醤油屋の米蔵を改修した「宮清大蔵」での音楽イベントの企画、昭和三〇年代まで行われていた北条市の復活などに取り組んでいる。また平成二五（二〇一三）年には、局地的な竜巻被災を受け、その復興事業の母体にもなった。

写真 7-5　北条地区にあるつくば道道標

⑫ＡＤＰ
ＡＤＰ（Art Design Produce）は、筑波大学芸術専門学群で開設されている授業の一環として形成された団体である。年度ごとにプロジェクトが策定され、担当教員とアシスタントの大学院生、授業履修の学生を合わせて約一〇～一五名のメンバーで構成される。プロジェクトは建築デザインに関するもので、平成一九（二〇〇七）年の「北条ふれあい館」開設や翌年「宮清大蔵」改修もＡＤＰとの共同プロジェクトである。また、筑波山麓秋祭りのポスターやリーフレットのデザインを任されるのもＡＤＰの学生である。

⑬　里山建築研究所
里山建築研究所は、古民家再生や杉材を用いた板倉造りの住まいの設計を行う株式会社であり、スタッフは二〇代～三〇代の建築家五名である。里山建築研究所は、平成二三（二〇一一）年まで田井地区の古民家を事務所としていたが、東日本大震災の影響で現在は北条地区に移動している。建築・設計だけでなく、里山文化を活用した事業も行っており、同年には行政と田井地区諸団体、および山麓地域住民とで「筑波山麓グリーンツーリズム協議会」を立ち上げ、事務局として企画を主導している。

⑭　チームごじゃっぺ

チームごじゃっぺ(12)は、平成一九（二〇〇七）年に筆者が筑波大学で立ち上げた学生団体である。「キャンパスの外のつくばを知ろう」をコンセプトとして、筑波山麓地域へ学生を連れて行くイベントやおもに北条地区での地域イベントへ参加している。翌年には、北条街づくり振興会とともに地元特産の北条米を用いた特産品「北条米《マイ》スクリーム」の開発を行った。

⑮　〝矢中の杜〟の守り人

〝矢中の杜〟の守り人は、同地区出身の建材研究家である矢中龍次郎が建築した昭和初期の住宅「旧矢中邸」の保存活用を意図して、平成二一（二〇〇九）年に活動を開始した翌年にNPO認証。おもなメンバーは、筑波大学大学院の学生（当時）やチームごじゃっぺ出身等の大学生、地域住民、有志の参加者であり、設立から筆者が代表をつとめている。「旧矢中邸」は平成二三（二〇一一）年に地域で二件目の国登録有形文化財に登録され、現在は週に一度の邸宅ガイド公開、地元北条小学校と連携した邸宅の清掃活動やつくばスタイル課の授業の実施、さらに北条街づくり振興会などの「まちづくり団体」とのイベント企画を行っている。

⑯　りんりんプロジェクト（PIT STOP北条）

りんりんプロジェクトは、山麓地域を横断する自転車専用道路「りんりんロード」（旧筑波鉄道廃線跡）を中心に、筑波山周辺のサイクルスポーツの安全性と利便性の向上を目的としたNPOである。おもな事業は北条地区内で自転車利活用者の休憩施設「PIT STOP北条」の経営である。また平成二四（二〇一二）年度より、県の「新しい公共」採択事業として「いばらきサイクルツーリズム推進事業」を開始している。

写真 7-6　小田・宝篋山から見る筑波山

小田地区

小田地区は、鎌倉時代に八田氏（小田氏）が居城を構えた土地であり、小田城跡は国指定文化財となっている。また、地区の東側には宝篋山と呼ばれる低山があり（写真7-6）、それらを中心とした取り組みが進められている。

⑰　小田地域振興協議会

小田地域振興協議会は、平成一七（二〇〇五）年に結成されたNPO法人である。[13] 前身は地区内に歴史案内板の設置や小田駅跡の整備を行った「二一世紀の小田地域をよくする会」（平成一二（二〇〇〇）年発足）であり、それが宝篋山や三村山極楽寺跡の自然を活かして地域活性化を考える「自然と歴史と芸術の杜・スポーツ公園を創る会」（平成一三（二〇〇一）年発足）と合わさって結成された。メンバーは地区住民が中心で、現在の会員は約一〇〇名である。小田地域振興協議会のおもな活動は、宝篋山の整備と休憩所の管理運営である。平成一六（二〇〇四）年に六カ所のウォーキングコースが開通すると、登山ブームと相まって来訪者が年々増加し、ここ数年はとくに激増している。

⑱　華の幹《はなき》

華の幹は、明治四〇（一九〇七）年築の古民家を整備し、人の集まる場所にすることを目的として平成二三（二〇一一）年より活動が始められたNPO団体である（二〇一三年一〇月認証）。地域内外の女性を中心に、古民家を利用した陶器展や健康・美容に関する講座、飲食物の提供、古民家体験、そして能の公演など多様な催しを積極的に企画している。

その他（広域）

⑲　筑波山麓地域づくり団体連絡協議会

筑波山麓地域づくり団体連絡協議会（通称、五地区協議会）は、平成一九（二〇〇七）年に地区間での情報交換やイベント時の連携強化を目的に設立された。ここまで挙げた「まちづくり団体」のほぼすべてと山麓に関わる個人が参加し、事務局はつくば市商工会が担う。活動のメインは、毎年一〇月末～一一月にかけて開催される「筑波山麓秋祭り」の企画である。このイベントは、もともとは平成二〇（二〇〇八）年に茨城で行われた第二三回国民文化祭に端を発し、以後、継続的に実施しているものである。五地区協議会では、地区統一のポスター、リーフレットの作成、地区間でのイベント開催日の調整、市から受ける助成金の配分などを合議で決定する。その他、「筑波山麓古道マップ」のような地域全体のマップ作成もこの協議会が中心となっている。

⑳　行政の関わり

筑波山麓地域の「まちづくり」活動と行政の関わりは、その活動の種類に応じて各課が個別に応じている。つくば市観光物産課は、市主催の「筑波山梅まつり」や平沢官衙での音楽イベント「つくば物語」を主導し、さらに「筑波山麓秋祭り」などの事業を支援する。一方、商店街のある北条地区は産業振興課と結びつきが強く、農村地帯の田井地区は農業課が活動に関わる。平沢地区や小田地区、〝矢中の杜〟の守り人は、文化財室と連絡を取ることが多い。

また、つくば市商工会も山麓地域における「まちづくり」を積極的に支援する。五地区協議会の事務局として外部組織との交渉は商工会職員が継続的に関与しているし、商工会青年部は桜の名所である北条大池での「さくらまつり」や、夏季には盆踊りイベントを地域内で企画している。

（二）「まちづくり」団体の「まとまり」と「つながり」

以上、筑波山麓地域における「まちづくり団体」を地区ごとに列挙した。これらの特徴を設立年（括弧内は前身団体の開始時期）や組織形態、メンバー構成、そしてその団体を説明するキーワードをまとめたのが表7-2である。

まず組織形態に着目すると、最も多いのは任意団体（八つ）であるが、次いでＮＰＯが七団体存在する。組織形態としてＮＰＯが採用されやすい一番の理由は、行政を代表とする公的組織と連携体制をとりやすいこと、さらに各種補助金申請の権利が得やすいことが挙げられる。一方で、任意団体を選択する理由としては、組織としての「ゆるやかさ」を挙げる場合がある。例えば北条街づくり振興会の場合、構成員の多くは商店主であり、それぞれ独自の事業主である。こうした場合、ＮＰＯのように法人格を設けてしまうと、参加の方式や形態が一定程度厳密にならざるを得ない。他団体においても、とくに地域住民の参加協力を広く得たい場合は任意団体を選択する傾向にある。

また、特徴的な組織形態として、ＡＤＰのプロジェクト形式がある。ＡＤＰは、大学の授業を核とした単年度のプロジェクトである。「まちづくり」においては、大学に限らず企業やＮＰＯ、任意団体によってプロジェクトが組まれ、そこで活動が展開されるのは珍しいことではない。ただしその場合、事業の継続性は保証されない。

表7-2　筑波山麓地域における「まちづくり団体」の特性（筆者作成、2014年4月現在）

地区	団体名	設立年	組織形態	メンバー構成	要素1	要素2	要素3
上筑波	筑波山神社	－	宗教法人	混在	宗教	歴史	
	旅館組合青年部	2003	任意	地域内中心	観光		
	筑波山女性の会	－	任意	地域内中心	観光	女性	
	宮前振興会	2010	任意	地域内中心	観光		
	福来みかん保存会	2006	任意	地域内中心	農業		
	筑波山がま口上保存会	1995	任意	混在	歴史		
田井	つくば環境フォーラム	2001	NPO	地域外中心	環境	農業	
	自然生クラブ	1990	NPO	地域外中心	農業	福祉	芸術
	田井の里地域づくり愛好会	2008	任意	地域内中心	歴史	環境	
平沢	平沢歴史文化財フォーラム	2003（2000）	NPO	地域内中心	文化財	歴史	
北条	北条街づくり振興会	2007（2004）	任意	地域内中心	産業	歴史	
	ADP	2006	プロジェクト	地域外中心	教育	建築	芸術
	里山建築研究所	－	株式会社	地域外中心	建築		
	チームごじゃっぺ	2007	学生団体	地域外中心	教育		
	“矢中の杜”の守り人	2009	NPO	地域外中心	文化財	観光	教育
	りんりんプロジェクト	2011	NPO	混在	スポーツ	産業	
小田	小田地域振興協議会	2005（2000）	NPO	地域内中心	歴史	スポーツ	
	華の幹	2011	NPO	地域外中心	建築	女性	
全体	筑波山麓地域づくり団体連絡協議会	2007	任意	*	*	*	*

その中でＡＤＰは、教育を前提としながら、地域を舞台として継続的な学生の関与を成立させている。

次にメンバー構成である。これには大きく地域内中心、地域外中心、内外を問わない混在という三つの分類がある。最も多い地域内中心は一八団体中八団体である。それは、上筑波地区のように、観光業従事者によって構成される場合と、平沢歴史文化財フォーラムや小田地域振興協議会のように、発足の経緯に「地域住民が自身の地域を知ること」が含まれる場合がある。一方、地域外中心の団体も、地域内中心の団体とほぼ等しい七団体である。このことは、筑波山麓地域のまちづくりにおける「よそ者」の存在感を示している。「よそ者」は、まちづくりの現場でしばしば語られる重要な要素である。例えば敷田は、「よそ者」が持つ特性を「よそ者効果」と呼び、地域（価値）の再発見、誇りの涵養、知識移転、エンパワーメント、しがらみのない立場からの問題解決を挙げる［敷田 二〇〇九：八六～八九］。ただし、こうした「よそ者効果」も外部者のままではよい作用を発揮しづらい。そのためにはよそ者性を保ちながら地域住民との「ある程度深い付き合い」が不可欠である。自然生クラブやつくば環境フォーラムは、地域住民を巻き込みながら地域外の人々が主導して活動を展開する先駆的事例であり、近年は、華の幹や筆者の運営する〝矢中の杜〟の守り人もここに含まれるであろう。また、「よそ者」との関係の中で、「地元住民」の側も彼ら／彼女らを受け入れ、ともに変わっていくことも必要である。学生たちといくつものプロジェクトを成功させた北条街づくり振興会は、その端的な例といえよう。

最後に、「まちづくり団体」を特徴づける要素についてである。表7‐2では各「まちづくり団体」に一～三個の要素を付した。これを見ると、各地区での要素は上筑波地区を除いて重なりが多くはない。その理由は、それぞれの団体が個別のイシューの問題解決を目的として誕生した経緯に由来する。筑波山麓地域で現在アクティブな「まちづくり団体」の多くは、ＴＸ開通（開通前の準備段階を含む）を契機に活動を開始した。その対象は、各地区の歴史や里山のような環境、歴史的建造物、ロードバイクや登山など多岐にわたり、筑波山麓地域の持つポテンシャルの高さがうかがえる。実際に、先述の五地区協議会を母体として開催される「筑波山麓秋祭り」のパンフレットには、各地区・各団体の企画が紙幅いっぱいに並んでいる。各団体がその独自性を保ったまま地域全体で一つのイベントを実施できる点において、全体としての「まとまり」は高いといえる。

しかし、こうした「まとまり」を指摘できる一方で、各地区・各団体が有機的に連携しているかといえば、そうではない。「筑波山麓秋祭り」を引き続き例にとれば、北条地区には平安末期の史跡と、その隣の小田地区には鎌倉時代の史跡があり、両地区で歴史にまつわる催しが企画されるが、それが連続した歴史の物語として提示されはしない。またイベントプログラムの構成においても、同じ時間帯に各地区の催しが競合するケースもたびたび見られる。その結果、各「まちづくり団体」は地域への愛着や使命感から活動を展開しているものの、受け取る側にはそれが連続した物語として認識されづらい。つまり、筑波山麓地域での「まちづくり」活動には、自然と歴史の豊かで懐かしい空間というイメージを、全体としてつくろうとする「まとまり」はあるが、「つながり」がないのだといえる。この「つながり」の薄さは、筑波山麓地域において、人々の自発的な実践の結果として展開してきた「まちづくり」の必然でもある。今後は、この「つながり」をどのような仕方でつくっていくのかが、その担い手を含めて課題となるといえよう。

むすびにかえて―「まちづくり」と人文社会科学の役割―

筑波山および山麓地域は、本書の他論考にもあるように、「環筑波山文化圏」とでもいうべき地域的独自性を持った平安時代に始まり、江戸時代には幕府の守護寺とそれに伴う信仰ツーリズムの場所としての存在を与えられていた。つまり、宗教的な文脈でマス消費地の東京（江戸）とつながりを持っていたのであり、その意味が薄れレジャーの場所としてしか意味を持たなくなっていたのが、戦後から一九九〇年代にいたるまでの歴史的構造であった。それが、鉄道の開通という物理的な接続を契機に再度「東京」とつながりが生まれ、さらにそれが「つくばスタイル」という新たな生活像の提示の下で再度意味づけをされ、こうした文脈に敏感に反応する仕方で、一九九〇年代後期から「まちづくり」活動が展開しはじめる。それは、地域へ愛着を抱く「地元住民」と「よそ者」が相互関係の中で、地域をこれまでとは違った見方を可能にしていく編集のプロセスでもある。本章では、その彼ら／彼女らの活動から山麓地域における「まちづくり」の現状を整理し、体系的に分析することを試みた。そうすることによって、これからの筑波山麓に何が必要で、何を実行することによって地域の問題を解決できるか、を発見する地図となることを意図している。

「筑波山から学ぶ」、すなわちそれは「古いもの（伝統）」の中に新しさを見る、という心的態度でもある。「まちづくり」において、当該地域の住民は重要な担い手であるが、同様にそれは地域に眠る価値の貴重さに気づき、そして関わる「よそ者」によっても担われる。両者は置かれた状況と関心をつなぎ合わせ、有限の資本を元手に一つの具体的な形にしていく。それを間近に見てきた筆者にとって、この担い手たちの創意工夫は尊敬の対象であり続けている。地域あるいは「まちづくり」の研究とは、その創意工夫による成果がより実り多いものとするためのものであろうし、人文社会科学もまた「まちづくり」とつながる具体的な形を求められている。

【注】

（1）筑波町における資料には算出方法についての記述がないが、通常、購買力の流出率は潜在購買力（一世帯当たりの家計消費支出×世帯数）と買物出向比率（地元購買率）の掛け算から導かれる。

（2）『つくば市北部地域開発構想策定調査報告書』［つくば市、住宅・都市整備公団つくば開発局　一九九二：八］から引用した。

（3）『筑波山周辺整備計画策定調査報告書』［つくば市　一九九四：六］より引用した。

（4）「ふるさと」を取り扱った論考として、例えば安井（一九九七年）、堀野（二〇〇四年）、丸田（二〇〇八年）がある。

（5）「つくばスタイル協議会」http://www.tsukuba-style.jp/t-style/index.html（二〇一二年一二月二三日参照）

（6）ムック（mook）とは、雑誌（magazine）と書籍（book）の性格の両方を併せ持つ刊行物のことをさす。

（7）団体間で構成される協議会を含めれば一九団体である。

（8）がまの油と口上については、八木（一九八四年）を参考にした。

（9）記述に際し「すそみろく第8号」を参照した。

（10）一九九〇年代の新住民による「まちづくり」活動のさきがけは鈴木（一九九八年）を参照した。

（11）「北条ふれあい館」は、これまで三度の移転をしている。

（12）「ごじゃっぺ」とは、茨城の方言で「ばかもの」を意味する。同時に、「ごじゃっぺ」には「憎めない・愛すべき」という意味も含まれており、そのニュアンスが気に入った学生たちによって団体名として採用された。
（13）ＮＰＯの許認可は二〇〇六年一月である。

【参考文献・資料】

木村繁『筑波山』（朝日新聞社、一九五九年）
敷田麻美「よそ者と地域づくりにおけるその役割に関する研究」（『国際広報メディア・観光学ジャーナル』九：七九～一〇〇、二〇〇九年）
鈴木朗『新郊外都市「つくば」の生き生きライフ』（日本経済新聞社、一九九八年）

筑波町

『筑波町建設基礎調査書』（筑波町、一九五九年）
『町政要覧（昭和四〇年度版）』（筑波町、一九六六年）
『町政要覧（昭和四五年度版）』（筑波町、一九七〇年）
『町政要覧（昭和五〇年度版）』（筑波町、一九七六年）
『筑波町第二次総合計画―豊かな自然のなかで未来を創造するまち筑波―』（筑波町、一九八三年）
『筑波町史　下巻』（筑波町、一九九〇年）

つくば市

『市報つくば　縮刷版 1987.12 ~ 1992.9』（つくば市、一九八二年）
『筑波山周辺整備計画策定調査報告書』（つくば市、一九九四年）
『つくばエコロニープロジェクトの実現に向けて　筑波山麓・山裾周辺基本計画策定調査報告書』（つくば市、一九九八年）
『筑波山麓・山裾周辺実施計画策定事業報告書』（つくば市、二〇〇〇年）
『統計つくば 2010』

https://www.city.tsukuba.ibaraki.jp/13/885/2106/index.html　二〇一〇年
つくば市、住宅・都市整備公団つくば開発局編『つくば市北部地域開発構想策定調査報告書』（つくば市、一九九二年）
日本地図センター『地図で見るつくば市の変遷　解説』（財団法人日本地図センター、一九九七年）
堀野正人「地域と観光のまなざし―『まちづくり観光』論に欠ける視点」（遠野英樹・堀野正人編『「観光のまなざし」の転回：越境する観光学』春風社、二〇〇四年）
丸田一『「場所」論　ウェブのリアリズム、地域のロマンチシズム』（NTT出版、二〇〇八年）
八木心一「筑波山がまの油物語　口上『さあさあお立ち合い』の成立と展開」（崙書房）
安井眞奈美「町づくり・村おこしとふるさと物語」（小松和彦編『祭りとイベント（現代の世相5）』小学館、一九九七年）

おわりに

本書の執筆者のほとんどは、「筑波山ルネサンス」に属している。「筑波山ルネサンス」とは、平成一七（二〇〇五）年筑波大学人文社会科学研究科（当時）において、社会連携プロジェクトの一環として、筑波山を中心とする環筑波山地域の地域活性化のサポートを目指してつくられたものである。

ついこの間できたプロジェクトだと思っていたものが、もうすでに九年が経っている。改めて軽い驚きを感じる。平成一七（二〇〇五）年というのは、つくばエクスプレス（通称ＴＸ）が開通した年である。ＴＸは、当初東京への通勤客をその需要の中心として見込んでいたが、同時に茨城県の他地域を含む首都圏各地から多くのビジターがＴＸを利用して筑波山を訪れるようになった。

このＴＸ開通による地域世界の変化というものに合わせ、あらためて環筑波山地域の活性化がテーマとなってきた。そうした流れの中、「筑波山ルネサンス」も設立されたのである（筑波山ルネサンス編『シンポジウム筑波山ルネッサンス―つくば市民の文化的アイデンティティを求めて』二〇〇六年）。

メンバーの一人、筑波大学人文社会系の早川公非常勤研究員は、設立当初から大学院生として北条地区に、研究の対象としてのみならず、地域活性化の実践の場として関わってきている。現在ＮＰＯ法人「矢中の杜」の守り人として理事長を務め、地域の人々とともに北条地区の活性化の一翼を担っているといえよう。同時に筑波山麓地区では、筑波大学としては早くから、建築家の安藤邦廣名誉教授（芸術学群）が、里山保全の見地から里山建築研究所を設立し、古民家の保全や修復を行ってきた。

また、筆者はこうした地域活性化の動きのなか、つくば市から観光基本計画の策定を依頼された。その成果は、『つくば市観光基本計画』（二〇一二年）として結実しており、基本計画をもとに、観光という観点からつくば市の活性化の施策を推進しているところである。

観光基本計画策定委員会には、現筑波学院大学学長の大島愼子教授が副委員長として参画しており、滝川クリステルの東京オリンピック誘致のプレゼンテーションでブームとなった「おもてなし」、そしてより高次のホスピタリティの重要性をいち早く指摘し、基本計画の四つの柱の一つとしている。

環筑波山地域の中心ともいえる、山麓地域における地域づくりの課題の一つは、地区を越えた山麓地域としての一体化で、「筑波山麓秋祭り」の展開はその目に見える回答の一つといえよう。毎年、ウィーンフィルのメンバーにより、北条の「宮清大蔵」で演奏会も行われている。その地域づくりイベントとしてのレベルは、全国レベルといってもよかろう。また、近隣の宝篋山を歩く人の数も桁違いに増えている。今、地域づくりは第二ステージに入ったともいえる。そして、第二ステージにはそれなりの課題があると思われる。

観光基本計画の四つの柱のもう一つとして、フットパスの導入・展開がある。フットパスは一昨年来、日本経済新聞などに「現在、注目されているトレンド」の一つとして取り上げられ、大手百貨店のパンフレットにも特集として取り上げられるようになっている。多少の驚きの感はあるが、こうした地に足のついた新たな観光が注目されるようになってきた背景には、機能主義的マス・ツーリズムからの脱却がある。そして、オルタナティブなツーリズムへの模索の時を経て、今、自然と文化が合一した里山や里人の生活に自然体で触れる新たなツーリズムの構築という時代性が反映しているといえよう。「つくばスタイル」という言葉もすでに市民権を得ていると思われるが、フットパスは、登山やウォーキングとはまた異なった、地域への関心とコミットメントを生むものであろう。「つくば」と「筑波」といわれる地域空間の境界を超えて、新たな発展を期するのもフットパスのような身近な経験であるに違いない。すでに二つのコース・マップ作製と道標の設置が行われており、引き続き新たなコースづくりに取りかかっている。本書の各章で示された世界を思い浮かべながらフットパスを実際にめぐっていただけると、時間を超えた空間が経験できることと思う。

最後になってしまったが、筑波山麓全域にわたる地域づくりといえば、井坂敦実氏の名を知らない人はいないであろう。平沢の遺跡保存の運動をきっかけに郷土史家となった氏は、かつての筑波町の町長、筑波町がつくば市として合併した後はつくば市の教育長をつとめており、最近まで筑波山麓地域づくり団体連絡協議会の代表でもあった。

筆者もこれまで学生の野外調査などでお世話になったが、生きた歴史と文化のつくり手であり、筑波の歴史の証人でもあろう。本書では特別寄稿として、第一章の「筑波の歴史と文化」の章を担当して頂いている。

設立当初、井坂氏に問われた言葉を今思い返している。「かつて筑波に大学ができるということを聞いて、地元民は大学が地域に関わってもらえると期待した。だが、筑波とつくばの違いがあるように、期待したほどの関わりは持ってもらえなかった。役所にも筑波大学の卒業生の数はほんのわずか、つくば市に残る卒業生もきわめて少ない。まして、地元の人と結婚して、筑波地区に永住する卒業生は皆無である」と。

そのとき、「これから五年、一〇年単位でみていてください」と応えた筆者も、実は二十数年前に筑波大学に赴任してきた際のことを思い出さざるを得なかった。当時、設立から二〇年近くを経た筑波大学は、地元の大学として筑波地域の歴史や民俗、文化の調査・研究に力を入れているものと思っていた。むろんそれなりの理由があるのだが、実際に研究対象としているのはむしろ遠方の別の地域であったりして、多少の驚きがあった。学生にいたっては、筑波山麓地域についての知識は皆無に等しく、行ったこともないのが普通であった。しかし、現在では卒業生が種々の形で、つくばだけでなく筑波に関わりはじめ、地域づくりの支えになってきている。

遅ればせながらという感もあるが、筑波大学には各分野の専門家がおり、筑波山ルネサンスのメンバーは環筑波山地域をも研究対象としている。歴史や民俗、文化、社会経済の研究が、地域資源の発掘につながり、地域研究と地域づくりの実践とが合体して、この地域の活性化の後押しをしていけたらと思っている。

また、本書が今後のルネサンスのメンバーや協力者による、「環筑波山文化圏」に関する単行本の出版に向けた起点になればばと思っている。

筑波大学　「筑波山ルネサンス」代表　前川啓治

謝辞

平成一七年に「筑波山ルネサンス」を立ち上げた出口正義教授（現専修大学）をはじめ、学内外の多くの専門家が、講演会やシンポジウム、ワークショップなどにおいて、地域活性化の提言を行ってきました。また、各地区のタウンミーティングでは、地元の方との対話を重ね、何が必要なのかを問うことによって、なにがしかの形で、地域づくりの想いを掘り起こすきっかけをつくることができたのでは、と思います。

筑波山麓地域の中心で活性化を進めてきた北条地区会長の坂入英幸氏、小田地区で情熱的に宝篋山の再興に取り組んできた東郷重夫氏、新たな視点で地域活性化を進めている筑波山旅館組合青年部部長蔵本剛氏、また早くから地域に応じた地域活性化を具体的に提案してきたつくば市役所の小神野洋一氏をはじめ、時々の観光物産課の担当者の方々、つくば市商工会の松信利彦氏にこの場を借りて、感謝申し上げます。

また、「矢中の杜」はじめ、「平沢歴史文化財フォーラム（代表　金久保尚氏）」「環境フォーラム（代表　田中ひとみ氏）」「自然生クラブ（代表　柳瀬幸子氏・柳瀬敬氏）」、さらに谷田部地区、茎崎地区の地域づくりを着実にすすめている方々および各地区の区長さん、また県民講座受講生のみなさん、フットパス設定ワークショップのメンバーのみなさん、との意見交換も大変有益でした。ここに書ききれない多くの方々とのこれまでの交流が、この編著をきっかけにさらに展開していくことを期待しています。環筑波山文化圏は、狭義の筑波山麓周辺に限りません。筑波山を中心に広域にわたる文化圏という視点から、つくば市をはじめとした近隣諸地域が連携しあって発展していくこと、また今後の女性による、より積極的な地域づくりへの参画を期待しております。筑波山地域の活性化を、独自の視点からサポートしている野末たく二氏、山崎かのこ氏等とともに見守っていきたいと思っています。

なお、出版に際し、筑波大学出版会の担当、飯塚桂子さんおよび安田百合さんに原稿の細部にわたる確認を行って頂きました。フットパス・マップをカバー裏に印刷するという画期的なアイディアは飯塚さんによるものです。また、地図の加筆は芸術専攻の大学院生大竹英理耶さんに引き受けて頂きました。フットパス・マップはつくばフットパスチームの江口肇氏および内田初萌氏の作成によるもので、つくば市観光物産課から提供して頂き、また第一章の写真1-4、1-6、図1-4は、つくば市教育委員会文化財課から提供して頂いたものを掲載しています。

さらに、同文化財課を通じ、写真1-5は小山文顯氏（北条内町第一区長）、写真1-7は平澤仁誉氏（長久寺住職）、写真1-8、1-9は満川貞夫氏（小田中部区長）から掲載の許可を頂きました。また、第四章の写真4-1、4-2は武井基晃氏、第五章の写真5-1は常陽藝文センターによる撮影・提供であることを明記し、以上の写真掲載を快諾して頂いた方々および組織に感謝の意を表したいと思います。

【注】本書の本文（歴史記述）の文章表現には、今日からみれば不適切と思われる表現がありますが、作品の時代背景および作者が故人であることなどから、原文のままとしていますので、ご了承ください。

『筑波山から学ぶ』著者紹介（執筆順）

前川 啓治（まえがわ けいじ）（序、おわりに）
一九五七（昭和三二）年生まれ．筑波大学人文社会系国際公共政策専攻教授
専攻分野：文化人類学、開発の人類学、地域づくり
筑波大学人文社会系社会貢献プロジェクト「筑波山ルネサンス」代表、元つくば市観光基本計画策定委員長

井坂 敦実（いさか あつみ）（第一章）
一九四四（昭和一九）年つくば市北条生まれ．郷土史家、つくば市文化財指導員
元筑波町長、元つくば市教育長

根本 誠二（ねもと せいじ）（第二章）
一九四九（昭和二四）年生まれ．筑波大学人文社会系歴史・人類学専攻教授
専攻分野：日本古代史、宗教史

徳丸 亞木（とくまる あき）（第三章）
一九六一（昭和三六）年生まれ．筑波大学人文社会系歴史・人類学専攻教授
専攻分野：民俗学

前川 智子（まえかわ ともこ）（第三章）
一九七七（昭和五二）年生まれ．筑波大学人文社会科学研究科歴史・人類学専攻修了、博士（文学）、日本民俗学会会員
専門分野：民俗学

古家 信平（ふるいえ しんぺい）（第四章）
一九五二（昭和二七）年生まれ．筑波大学人文社会系歴史・人類学専攻教授
専攻分野：民俗学

伊藤 純郎（いとう じゅんろう）（第五章）
一九五七（昭和三二）年生まれ．筑波大学人文社会系歴史・人類学専攻長・教授
専攻分野：歴史学、歴史教育学

平沢 照雄（ひらさわ てるお）（第六章）
一九六〇（昭和三五）年生まれ．筑波大学人文社会系経済学専攻教授
専攻分野：地域経済・産業論、現代日本経済・経営史

早川 公（はやかわ こう）（第七章）
一九八一（昭和五六）年生まれ．筑波大学非常勤研究員、ＮＰＯ法人〝矢中の杜〟の守り人理事長
専攻分野：文化人類学、人類学的実践論、地域づくり

筑波山から学ぶ
―「とき」を想像・創造する

二〇一五年一月二〇日　初版発行

編　者　前　川　啓　治

発行所　筑波大学出版会
〒三〇五―八五七七
茨城県つくば市天王台一―一―一
電話（〇二九）八五三―二〇五〇
http://www.press.tsukuba.ac.jp/

発売所　丸善出版株式会社
〒一〇一―〇〇五一
東京都千代田区神田神保町二―一七
電話（〇三）三五一二―三二五六
http://pub.maruzen.co.jp/

編集・制作協力　丸善プラネット株式会社

組版／月明組版
印刷・製本／富士美術印刷株式会社
ISBN978-4-904074-33-6 C1039